『通古察今』系列丛书

城市社会与流动人口

——以唐朝为中心的考察

宁欣 著

河南人民出版社

图书在版编目(CIP)数据

城市社会与流动人口 : 以唐朝为中心的考察 / 宁欣著. —郑州 : 河南人民出版社, 2019. 12(2024. 5 重印)
("通古察今"系列丛书)
ISBN 978-7-215-12034-1

Ⅰ. ①城… Ⅱ. ①宁… Ⅲ. ①城市人口-流动人口-研究-中国-唐代 Ⅳ. ①C924.25

中国版本图书馆 CIP 数据核字(2019)第 270921 号

河南人民出版社出版发行
(地址:郑州市郑东新区祥盛街 27 号 邮政编码:450016 电话:0371-65788072)
新华书店经销　　永清县晔盛亚胶印有限公司印刷
开本 787 毫米×1092 毫米 1/32 印张 4.5
字数 62 千字
2019 年 12 月第 1 版　　2024 年 5 月第 3 次印刷

定价: 48.00 元

“通古察今”系列丛书编辑委员会

序　言

在北京师范大学的百余年发展历程中，历史学科始终占有重要地位。经过几代人的不懈努力，今天的北京师范大学历史学院业已成为史学研究的重要基地，是国家首批博士学位一级学科授予权单位，拥有国家重点学科、博士后流动站、教育部人文社会科学重点研究基地等一系列学术平台，综合实力居全国高校历史学科前列。目前被列入国家一流大学一流学科建设行列，正在向世界一流学科迈进。在教学方面，历史学院的课程改革、教材编纂、教书育人，都取得了显著的成绩，曾荣获国家教学改革成果一等奖。在科学研究方面，同样取得了令人瞩目的成就，在出版了由白寿彝教授任总主编、被学术界誉为“20世纪中国史学的压轴之作”的多卷本《中国通史》后，一批底蕴深厚、质量高超的学术论著相继问世，如八卷本《中国文化发展史》、二十卷本“中国古代社会和政治研究丛书”、三卷本《清代理学史》、五卷本《历史文化认同与中国统一多民族国家》、二十三卷本《陈垣全集》，以及《历史视野下的中华民族精神》《中西古代历史、史学与理论比较研究》《上博简〈诗论〉研究》等，这些著作皆声誉卓著，在学界产生较大影响，得到同行普遍好评。

除上述著作外，历史学院的教师们潜心学术，以探索精神攻关，又陆续取得了众多具有原创性的成果，在历史学各分支学科的研究上连创佳绩，始终处在学科前沿。为了集中展示历史学院的这些探索性成果，我们组织编写了这套“通古察今”系列丛书。丛书所收著作多以问题为导向，集中解决古今中外历史上值得关注的重要学术问题，篇幅虽小，然问题意识明显，学术视野尤为开阔。希冀它的出版，在促进北京师范大学历史学科更好发展的同时，为学术界乃至全社会贡献一批真正立得住的学术佳作。

当然，作为探索性的系列丛书，不成熟乃至疏漏之处在所难免，还望学界同人不吝赐教。

北京师范大学历史学院

北京师范大学史学理论与史学史研究中心

北京师范大学“通古察今”系列丛书编辑委员会

2019 年 1 月

目　录

引 言

一些外国学者认为唐宋之际在中国曾发生了一场“中世纪的城市革命”，即城市形态的转化，主要表现形式之一就是人口的城市化。也有人认为，中国历史上不存在真正意义上的城市，原因之一是中国城市的人口主要是由流动人口构成的，即人口的流动性远远大于稳定性。因此，正确地估计长安城的流动人口数量、构成，探讨流动人口变化的原因与各方面发生的关系及影响，不仅有助于我们对长安人口总数的推算，有助于我们探讨长安城的总体面貌，也有助于我们把握唐宋时期大都市的界定及演变轨迹。

人是社会运动的主体，人是文化、经济、社会生活的载体，城市中的人是城市运动的主体。离开了对人的探讨，就无法正确把握城市这一实体的总和。而外来和流动人口对城市发展的作用我们必须给予充分的重视。

一、如何理解城市人口数量与商品经济的关系

（一）导致城市人口变化的基本因素

中国古代的城市人口没有具体记载，对城市人口的理解也有狭义和广义之分。狭义的城市人口，主要计算城区内相对固定的居住人口，而广义的城市人口应包括以城市为活动中心的城区、城郊（或城关）常住居民和流动人口。城市人口数量的变化和结构与城市职能有直接关系。在相对稳定的情况下，城市人口的常量主要是由政治、军事因素决定的，而城市人口的变量则主要是受经济因素左右，经济因素的核心是商品经济。

人口升降的变化从总体上看，隋代著籍户口与魏晋南北朝相比有较大幅度的增长，隋炀帝大业中，全国著籍户口达900余万，北方地区户口增长多于南方。唐初，户口大量流失，唐太宗贞观初仅300余万，后逐渐回升，天宝时达900余万，安史之乱爆发后，户口直线上升的趋势也由盛转衰，急剧下降。德宗（公元779—805年在位）初年，又从低谷中回升，唐文宗开成、唐武宗会昌年间接近500万。唐末，户口无考。

人口分布状况。隋代人口密度较高的是黄河中下游地区和关中地区。唐代人口分布发生了明显的变化，随着经济重心的东、南移，人口重心也同时转移，人口密度布局也发生了改变，总体趋势是南方人口从数量到密度都逐渐超过北方。

（二）北方城市人口及其变化

但各城市人口的变化，又有不同。

长安城，隋唐都城所在，隋平陈后，强迫陈后主（公元582—589年在位）及王公百官迁居长安，史载“大小在路，五百里累累不绝”[1]。唐玄宗开元、天宝时著籍户口为 36 万余户，安史之乱，造成“京畿户口，减耗大半”[2]，但由于唐王朝仍以长安为政治中心维持了 150 年左右的统治，户口下降的比例低于北方其他地区。如以开元户数与（宪宗）元和户数相比，关内道下降了 399‰，而河南道、河东道、河北道分别下降了 110‰、339‰、171‰（据《元和郡县志》，河北道因不申报户口，应有缺漏）[3]。但就实际人口来看，一般认为，天宝时长安城常住人口和流动人口已达百万之众。岑参《秋夜闻笛》诗云：“长安城中百万家，不知何人吹夜笛。”[4] 而到唐德宗、宪宗（公元 805—820 年在位）、穆宗（公元 820—824 年在位）时，有诗文仍称长安有百万人口。韩愈《出门》诗云：“长安百万

---

[1] 〔宋〕司马光：《资治通鉴》卷一七七“隋文帝开皇九年（公元 589 年）三月己巳”条，中华书局，1956 年，第 5516 页。

[2] 〔后晋〕刘昫：《旧唐书》卷　《代宗本纪》，中华书局，1975 年，第 292 页。

[3] 据冻国栋《唐代人口问题研究》第四章，武汉大学出版社，1993 年，第 159 页表。

[4] 〔唐〕岑参：《秋夜闻笛》，〔清〕彭定求等编《全唐诗》卷二〇一，中华书局，1960 年，第 2107 页。

家，出门无所之。”[1] 贾岛《望山》诗云：“长安百万家，家家张新屏。”[2] 如果说文学作品可能有夸大之嫌，那么，韩愈上的《论今年权停选举状》中“今京师之人，不啻百万”，应是比较客观的数字。唐后期，安史之乱给中原地区经济造成了大面积的破坏，户口流失极为严重，元和时著籍户口有所恢复，关内道约相当于天宝时期户口的三分之一，京兆府户数相当于天宝时的三分之二，而长安仍有百万之众，可知虽然北方地区人口变化的总趋势是下降（中间也有回升，但幅度有限），从人口分布的格局上看南方超过了北方，随着经济重心的转移，长安的经济地位亦明显下降，而长安仍具有的政治职能对恢复和维系百万人口发挥了关键性的作用。代宗（公元 762—779 年在位）时，李栖筠为浙西观察使，“奏部豪姓多徙贯京兆、河南，规避徭科”[3]。遇到灾荒，不少流动人口也纷纷趋避京师，权德舆在《论旱灾表》中言及甸畿因旱灾，“流庸

[1] 〔唐〕韩愈：《出门》，《全唐诗》卷三三七，第 3787 页。

[2] 〔唐〕贾岛：《望山》，《全唐诗》卷五七一，第 6671 页。

[3] 〔宋〕欧阳修、宋祁：《新唐书》卷一四六《李栖筠传》，中华书局，1975 年，第 4736 页。

转徙之人，或趋近畿，或抵京西”[1]。可见京都吸纳人口的能力还在发挥作用。

太原府，隋唐两朝经略北边的重镇，唐高祖李渊（公元618—626年在位）起家之所，唐五都之一，因而府辖人户的变化不同于河东道其他州府。河东道人口变化的总趋势是隋大业年间户数为852 001[2]，达到隋唐时期的最高点，贞观户数急剧下降为27 199，开元、天宝户数比贞观时有显著增长，分别达到587 397和630 511，元和时又下降至241 224，更少于贞观时期。唐太原府的人户统计数字在唐代没有发生大起大落的现象，贞观时期为97 874户，天宝时为129 805户，元和时为124 000户，变化比较平缓。原因之一，太原的政治和军事地位极为重要，政治军事职能的需要，使城市人口维持着相当的规模。安史之乱对河东地区也有影响，但河东节度使在唐后期始终是强藩。唐末五代北方地区的军阀大战，主要是以太原为根据地和控制河汴地区的两大集团势力逐鹿中原之战。原因之

[1] 〔唐〕权德舆：《论旱灾表》，〔清〕董诰等编《全唐文》卷四八八，中华书局，1983年，第4980页。

[2] 〔唐〕魏徵：《隋书》卷二九《地理上》，中华书局，1973年，第808页。

二，太原府及其周边地区工商业并不发达，又不是重要的转输城市，流动人口数量相对于较发达的工商业城市少得多，如没有受到大战乱的直接破坏，人口的变化一般不会骤起骤落。

洛阳和开封户口的变化明显是由政治和经济双重因素决定的。洛阳（河南府），开元时为127 440户，汴州（开封）为82 190户，约为洛阳的四分之三；天宝时，洛阳为194 746户，较开元时增长了百分之五十左右，汴州为109 876户，较开元时增长了百分之三十三左右，户口总数约为洛阳的二分之一强，可以说就增长的速度和规模而言，汴州远逊于洛阳。元和时，洛阳户数降至18 799户，汴州则降至8218户，两者都只相当于天宝户数的十分之一左右，但汴州的降幅大于洛阳[1]。代宗永泰元年（公元765年）四月诏书中说到河南道人口锐减的原因和状况："自东都至淮泗，缘汴河州县，自经寇难，百姓雕残，地阔人少稀，多有盗贼。"[2]唐末，僖宗（公元873—888年在位）

[1] 据冻国栋《唐代人口问题研究》第173页表。

[2] 〔宋〕王钦若等编修《册府元龟》卷六四《帝王部·发号令三》，中华书局，1960年，第716页。

光启年间，因军阀“迭相功伐”，洛阳城居民“不满百户”[1]。北宋初年,开封府成为拥有 10 万户以上的大城市，太宗太平兴国年间达到 17 万户。河南府（唐洛阳）户数虽然也有较大增长，但增长幅度和城市规模都比开封小得多，与盛唐时的规模更不可同日而语。代宗时刘晏改革漕运，实行分段运输法，使“江船不入汴，汴船不入河，河船不入渭。江南之运积于扬州，汴河之运积于河阴。河船之运积渭口，渭船之运入太仓。……轻货自扬子至汴州”[2]。河阴位于洛阳与汴州之间，汴州位于河、汴交汇之处，舟船可自江淮直达河洛转输东南财赋，地理位置更为优越，政治中心在从洛阳东移到开封的过程中，河阴起到了过渡的作用。政治和经济的双重因素使洛阳和开封的地位发生了变化，人口比例关系也随之发生变化。

幽州。以蓟城（或称幽州城）为中心的幽州地区（大致相当于今京、津大部分地区及河北部分地区），其人口流动的趋向及由其所引起的社会变化，既是唐

---

[1] 〔宋〕薛居正等:《旧五代史》卷六三《张全义传》,中华书局,1976 年,第 839 页。

[2] 《新唐书》卷五三《食货志三》，第 1368 页。

代社会变迁的反映，也是幽州地区历史地位变化的关键时期。幽州的地理位置有三大特征：首先，它处于中国农业文化与游牧文化交接、过渡、转换区，使得这一地区的社会经济、文化、民族构成呈现多元化的特点，经济形态和民族构成、文化取向的转换频率高；其次，以幽州为中心形成多点次中心和向四外辐射的交通线，是东北亚大区域的主要交通干线，是东北亚贸易往来的中心枢纽，幽州的社会环境和统治集团所属群体意识直接关系到这一贸易枢纽的兴衰与地位；最后，幽州地区是北方民族南下大通道的东缘，是东北民族南下的主要通道，也是中亚民族沿草原边缘两侧向河北、东北地区流徙、进而南下的主要聚居区，在整个东北亚局势变幻中，幽州的得失与倾向至关重要。唐宋时期，幽州地区的社会变迁和人口的空间流动，揭开了东北亚政治民族变动的新格局，引发了民族和区域文化的重组。直接作用于中国政治重心东北移及经济重心的东南移，幽州在全国的地位也发生了变化，从过去政治重心边缘次中心逐渐向政治重心中心区转移，这种转变的枢机正是自唐代开始启动，到元朝定型。而人口流动的大趋势，与西北、西南边境人口自唐玄宗天宝末年被迫不断外迁的局面相反，以幽州为中心的河北、东北地区，人口内迁的趋势不仅没有中断，而且继续发展。唐末五代，西北与中原地区之间人口双向流动呈现停滞状态时，以幽州为枢纽的河北地区仍然是东北、北方人口南下和北方各地区横向流动的大通道。[1]

北方的某些州城，由于水陆交通的便利，又位于重要中心城市的幅射区内，人口数量仍能保持一定规模。如许、陈两州，安史之乱后，人口减损严重，后又有所恢复。唐文宗（公元 826—840 年在位）大和四年（公元 830 年）三月，两州分别发生大火，“烧万余家”[2]。

（三）南方城市人口及其变化

扬州。自唐初到元和时期，户口的变化与江、淮地区发展的大趋势是一致的，而且具有典型意义。贞

[1] 参见史念海《唐代历史地理研究》，中国社会科学出版社，1998 年，第 111—130 页。

[2] 《新唐书》卷三四《五行一》，第 886 页。

观时户数不到5万户[1]，据《旧唐书·地理志三》记载，天宝时已成为7万—10万户的较大城市。而淮南其他较重要的州，如庐、舒、申、楚、和、安、寿、光、蕲、滁、濠等，户数都在2万—5万户[2]，元和户数扬州虽然缺载，但估计不会少于天宝时期[3]，如以苏州、鄂州等为参照，甚至应多于天宝户数。赵嘏《送沈单作尉江都》诗云“十万人家如洞天”[4]，可证当时扬州城内人户殷繁，不减天宝时期。扬州以“当南北大冲，百货所集”[5]，河、海港口兼具的地理优势，成为唐后期中央政府倚办转输赋税的重镇，善于抓商机的“富商巨贾，动逾百数”，大批避乱的北人亦投奔至此，侨寄衣冠侵衢造舍，商贾如织，熙熙攘攘，户数应不下10万户，“扬一益二”的称谓也表现了以扬州城为中心区域人口集中的趋势。唐末到宋初，淮南因地处兵交之所，扬州遭受严重破坏，人口大量流失，宋初统计，扬州与舒、

[1] 据冻国栋《唐代人口问题研究》，第151页表。

[2] 据冻国栋《唐代人口问题研究》，第157页表。

[3] 据冻国栋《唐代人口问题研究》，第161页表。

[4] 〔唐〕赵嘏：《送沈单作尉江都》，《全唐诗》卷五四九，第6356页，一作许浑诗。

[5] 〔宋〕王溥：《唐会要》卷八六《关市》，中华书局，1955年，第1579页。

蕲、寿、楚、庐、滁等州同为2万—5万户的中等城市[1]。北宋以后，南方人口继续增加，但扬州一直没有恢复到唐时的最高水平。它的衰落，战乱的破坏是重要因素，但更主要的原因是运河的壅塞，长江入海口的迁移，原有的地理及经济优势不存在了，以工商人口为主的扬州城，自然无法再现往日的辉煌。宋人洪迈有感于昔日“扬一益二”风光不再而叹曰：“本朝承平百七十年，尚不及唐之什一，今日真可酸鼻也。”[2]

南方城市，城市人口一直呈上升趋势。安史之乱，“中原鼎沸，衣冠南走”[3]，北方人口的大量南下，是造成短期内某些地区人口迅速膨胀的重要原因，但南下流亡的普通百姓和衣冠士族选择的地区，以及较长时段的户口增长趋势，主要是经济因素在起作用。史载，安史之乱后，“襄邓百姓”、“两京衣冠”，“尽投江湘”，使“荆南井邑，十倍其初”[4]。据《资治通鉴》记

[1] 据冻国栋《唐代人口问题研究》，第165页表。

[2] 〔宋〕洪迈：《容斋随笔》卷九《唐扬州之盛》，上海古籍出版社，1996年，第122页。

[3] 〔宋〕李昉等编《太平广记》卷四〇四《肃宗朝八宝》，中华书局，1961年，第3254页。

[4] 《旧唐书》卷三九《地理志二》，第1522页。

载，晚唐时，“江陵城下旧三十万户”[1]，元稹咏江陵府诗“城中百万家，冤哀杂丝管”[2]之句，显然是指口数而言，因此江陵府城内及城关一带的人口，约略估算当在 100 万—150 万之间。

鄂州“居杂商徒遍富庶，地多词客自风流”[3]，“阎闾皆土著之安，货贝有山积之富”[4]。洪州，贞观时，在江南诸道中人口处于中间偏上，开元、天宝时，户口数仍少于润、杭、苏、宣、越、台等州，自大庾岭路开通后，洪州成为连接江淮、巴蜀与岭外的重要交通及商贸枢纽，中外商贾盛聚，地理上的优势带来了商品经济的繁荣，对人口增长的积极作用也逐渐显露出来。元和时，洪州著籍户数已达 91 129，在江南各道中仅次于苏州[5]，杜牧诗句“控压平江十万家”[6]正反

---

[1] 《资治通鉴》卷二五三“僖宗乾符五年（公元 878 年）正月”条，第 8195 页。

[2] 〔唐〕元稹：《遣兴十首》，《全唐诗》卷三九八，第 4467 页。

[3] 〔唐〕韩偓：《过汉口》，《全唐诗》卷六八二，第 7818 页。

[4] 〔唐〕郑薰：《内侍省监楚国公仇士良神道碑》，〔宋〕李昉等编《文苑英华》卷九三二，中华书局，1966 年，第 4904 页。

[5] 据冻国栋《唐代人口问题研究》，第 206 页表。

[6] 〔唐〕杜牧：《樊川文集》卷四《怀钟陵旧游四首》之四，上海古籍出版社，1978 年，第 65 页。

映了因商品经济活跃带来的人口兴盛，如加上隐漏和外来流动人口，当远过著籍户数。

由于江南大户挟藏人户较为普遍，隐漏接近半数，著籍户数无法反映全貌。如苏州，贞观户 11 859，开元户 68 093，元和户 100 808[1]，上述数字包括属县户口，而实际户口远多于官方统计。白居易弃官苏州刺史时，“苏州十万户，尽作婴儿啼”[2]，吴融所云“姑苏碧瓦十万户，中有楼台与歌舞”[3]，晚唐诗人皮日休的“全吴缥瓦十万户”[4]诗句，显然都是指城区户数。

江南地区的开发，使之成为“国用所系”[5]之所，赋税倚办的重地。农业生产的发展，使江南能够养活更多的人口，农产品中的剩余产品量增加，使更多的农产品进入商品经济的流通领域。如润州“厌饫江淮，

[1] 据冻国栋《唐代人口问题研究》第 206 页表。

[2] 〔唐〕刘禹锡：《白太守行》，《全唐诗》卷三五五，第 3984 页。

[3] 〔唐〕吴融：《风雨吟》，《全唐诗》卷六八七，第 7901 页。

[4] 〔唐〕皮日休：《奉和鲁望早春雪中作吴体见寄》，《全唐诗》卷六一三，第 7069 页。

[5] 〔唐〕白居易：《白居易集》卷五五《除裴堪江西观察使制》，中华书局，1979 年，第 1156 页。

膏润数州”[1]；太湖流域“江东诸州，业在田亩，每一岁熟，则旁资数道”[2]；杭州“户十万，税钱五十万”[3]。再如浙东一带，“机杼耕稼，提封九州。其间茧税鱼盐，衣食半天下”[4]。

（四）海港城市人口及其变化

以对外贸易为主要经济特色的海港城市人口增长的趋势是很明显的。

广州，开元户数为 62 550，元和时达到 74 009 户，实际人口应更多。广州城居人口的增长与内外贸易的发展有很大关系。对外，海运业的发展，对内，大庾岭的开通，使广州的政治经济地位都得到提高，尤其是经济地位的提高，主要表现在商品经济的发展上。

其他如泉州、明州、扬州、楚州、登州等人口增加及人口结构的变化也大于内陆城市。

[1] 〔唐〕李华：《润州丹阳县复练塘颂》，《全唐文》卷三一四，第 3293 页。
[2] 〔唐〕权德舆：《论江淮水灾上疏》，《全唐文》卷四八六，第 4962 页。
[3] 〔唐〕杜牧：《上宰相求杭州启》，《全唐文》卷七五三，第 7806 页。
[4] 〔唐〕杜牧：《李讷除浙东观察使兼御史大制》，《全唐文》卷七四八，第 7753 页。

（五）粮食成为长途贩运的大宗商品

唐后期，粮食作为长途贩运的大宗商品，正是在农业发展、城市人口（主要是工商业人口）增加的基础之上的。如吉州“土沃多稼,散粒荆扬”[1],显然是指吉州的粮食通过长途贩运，用以供应工商业发达、城市和非农业人口众多的荆扬两州。杜甫诗“云帆转辽海，粳稻来东吴”，说明粮商通过海船将米运至北方地区。五代时期，南粮北运已形成一定规模。《玉壶清话》云“淮浙巨商，贸粮贾斛，万货临汴”[2]，正反映了这种情况。

某些粮商，囤积居奇，乘时射利，《唐国史补》卷中载“江淮贾人积米以待踊贵，图画为人，持钱一千，买米一斗，以悬于市”[3]，说明粮食市场的普遍。

中小粮商如广陵江阳人李珏，世居城市，贩籴自

[1] 〔唐〕皇甫湜:《吉州庐陵县令厅壁记》,《全唐文》卷六八六，第7027页。

[2] 〔宋〕文莹:《玉壶清话》卷三，中华书局，1984年，第26页。

[3] 〔唐〕李肇:《唐国史补》卷中，上海古籍出版社，1979年，第35页。

业[1],洪州胡氏子,“主船载麦,溯流诣州市出售”[2]。还有同时经营商品粮种植和销售的，如泉州龙溪人林昌业，“有良田数顷，尝欲舂谷为米，载诣州货之”[3]。

粮食加入大宗商品的长途贩运，是城市中不依靠官府官运漕粮人口大量增加的基础，这些不吃官粮的人，除一部分城中原有的居民，大部分是外来的工商杂户及从事各种服务或运输行业者。

（六）人口统计及增长的特点

由于人口流动及流动人口，官方统计的城乡户口数都无法反映真实情况。杨炎实行两税法，查核土户客户共三百余万，“浮冗之辈，今则众矣”[4]。如范阳，领户万，“流庸附占者亦如之”的情况比比皆是。大量“流庸”“浮寄”的存在，使各大中城市的实际人口远远超出官方的统计数字。

[1] 《太平广记》卷三一《李珏》，第 200 页。

[2] 《太平广记》卷三七四《胡氏子》，第 2974 页。

[3] 《太平广记》卷三五五《林昌业》，第 2813 页。

[4] 〔唐〕杜佑:《通典》卷七《食货七》，中华书局点校本，1988 年，第 158 页。

唐代，人口增长的特点是，南方人口增长的速度和人口数量逐渐超过了北方，城市人口的增长超过了农村，人口向城市集中的趋势极为明显。以关内道为例，开元年间官方统计户数为710 352，全道共有一百多个县，京兆府下辖长安、万年两县，著籍户数在8万左右，人口达百万以上。《旧唐书·地理志》载，京兆府，天宝领县23，户36万余，口196万余。长安城置万年、长安两县，盛时人口达百万以上。如按杜佑的推估，隐漏户口相当于著籍户口二分之一，京兆府人口当在300万左右，长安就集中了至少三分之一的人口。河东道开元户数为723 367，仅太原府就达10万户以上。可以说各区域，大中城市的人口数量变化是本区域的晴雨表。

二、流动的都市
——唐长安流动人口的构成

（一）对唐长安人口的不同估测

涉及都城的人口资料远比一般城市丰富，也比较具体，因此，学者们对唐宋都城的人口数量、规模和结构等进行了比较深入和广泛的研究。但由于对资料的归纳和诠释的差异，这中间也产生了很多歧见。比如唐朝都城长安的人口数量，不同学者的估算就有很大差别，少则50万，多至180万，差距竟达130

万[1]。不同学者对长安人口估算出不同数字,原因有四:一是对长安人口的核定范围不统一,或仅限于长安城内,抑或以大长安城的观点;二是对人口结构的不同理解;三是对在籍每户平均口数的推算,对脱籍人口的推算,以及税籍人口是否计算和如何计算,存在着较大差异;四是对流动人口的概念不清,估计不充分,没有给予应有的重视,甚至没有考虑在内。

长安的实际人口,可由几种方式构成:(1)按户籍状态:在籍人口、脱籍人口;(2)按人口状态:常住人口、暂住人口、流动人口;(3)按分布状态:城内人口、城周人口、城外居住而在城内供职或官僚贵族城外别墅内人口。综合考察不同的分类,可能有助于我们完整地认识大都市的人口结构。

对长安流动人口的分析和估计,从微观上讲,关系到对长安实际的人口数量的估计,从宏观上讲,则

---

[1] 参见〔日〕妹尾达彦《唐长安人口论》,《崛敏一先生古稀纪念论集——中国古代の国家と民众》,汲古书院,1995年,文中有《过去长安人口推计一览表》;严耕望《唐长安人口数量之估测》,《第二届唐代文化研讨会论文集》,台湾学生书局,1995年,后收入《严耕望史学论集》下,上海古籍出版社,2009年,第1069—1099页;冻国栋《唐代人口问题研究》;史念海《中国古都概说》,《陕西师范大学学报》1990年第1—4期。

关系到如何确定中国古代都市人口数量和结构的定性定量的基本原则。从纵向发展的角度考虑，搞清流动人口有助于我们掌握都市人口的变化曲线与都市发展曲线之间的有机联系，从横向层面考虑，通过对流动人口进出都市的动态分析，搞清都市与地方各城市之间、都市与乡村之间人群的空间转换，以及城乡社会各阶级、阶层、社会各群体在流动过程中的相互交流与转换。自唐代开始，都市的职能与空间布局发生了明显的变化，从而导致了人口结构和数量的变化。这一变化，除了常住人口的自然和人为的变化，在很大程度上是由流动人口的数量和结构来体现的。

我们首先应对长安流动人口的构成有一个正确的认识，再具体探讨各群体更接近事实的数量。

（二）唐长安流动人口的来源及构成

长安流动人口变化的原因很多，其中包括政治原因与经济原因、军事原因、文化原因等。但是，由于长安是唐京都所在，它所独具的政治中心功能，不仅包容和招徕了全国各地的士人，并且最终影响和决定着其他引起人口变化的因素。

我们先来分析唐代的流动人口。关于唐代长安城的人口数量，很多学者做过估算，严耕望先生的《唐代长安人口数量估测》，对外来流动人口仅仅给予了五万左右的估测[1]，远远少于实际的数量，关于这点，笔者已经多次强调过。其中，从农村和外地涌进都城的外来流动人口没有计算充分，是主要原因之一。严先生将流动人口分为季节性流动与非季节性流动。非季节性流动人口，包括：四方商人，地方州府吏员进京公干者，外国公私人等，留学生，僧徒，每月 2900 余在京当值的诸使司丁匠幕士[2]，还有将作监、少府监隶属工匠共 34 850 人，根据需要分番上京当值[3]，具体数字不详。季节性流动人口，包括：参加吏部铨选的

[1] 严耕望:《唐代长安人口数量之估测》，第 1092—1095 页。

[2] 这个估算数字严耕望先生的估算依据为京兆诸使司幕士丁匠总数八万四千五百人，据《唐会要》卷六五《卫尉寺》载广德元年（公元 763 年）敕文，每月需二千九百四十四人当值。这个数字需要斟酌，实际应该远多于此。

[3] 严耕望先生根据《唐六典》卷七《工部郎中》。《唐会要》所记是“京兆府诸使司”，《唐六典》所记的隶属将作监和少府监的数量，是否有重合，待考。

选人，参加礼部科举的举子[1]，州府朝集使，等等。

前文所引《隋书·地理志》说到京城人物混淆，游手众多的场景。大城市中的贫富分化随着城市的发展和人口数量的膨胀，逐渐显现。有两个因素值得注意：一是去农从商，二是游手。

《隋书·地理志》是整体的描述，没有具体的人和事，但是上述的闲人、恶少及其追随、依附者，可能有不少外来无业或失业的青少年。久居之后，有可能从事屠夫、文身、赌博这类低层次的职业，成为城居的常住人口，若干年后，外来户的身份已经淡薄。

高宗（公元649—683年在位）、武则天（公元683—705年在位）时，天下逃亡流寓之人已经很普遍，证圣元年（公元695年），李峤提出应严查逃户，“然后逃亡可还，流寓可绝”[2]。景云二年（公元711年）韩琬指出：“然以军机屡兴，赋敛重数，上下逼促，因为游民。游惰既多，穷诈乃作。”[3]战乱使百姓流离失所，

[1] 严耕望先生认为选人和举子人数众多，但很多人为备考复读、待选，长年滞留京城，已经不属于流动人口了。因此，他对此类群体在流动人口中的估算数量仅为数千人。

[2] 《唐会要》卷八五《逃户》，第1850页。

[3] 《唐会要》卷八五《逃户》，第1851页。

城里拥有更多的空间，容纳这些流民、游惰、穷诈者。

杨炎指出，在租庸法崩坏后，“是以天下残瘁，荡为浮人，乡居地著者，百不四五，如是迨三十年”[1]。即死守在乡里，从事农业生产的人逐渐减少，很多人向城市集中。

吐鲁番出土大谷文书2835号《长安三年（703）敦煌县典阴永为括浮逃户事上县司牒》[2]：“甘凉瓜肃所居停沙州逃户……上件等州，以田水稍宽，百姓多悉居城，庄野少人执作。沙州力田为务，小大咸解农功。逃迸投诣他州，例被招携安置。……”这件文书体现的是乡村逃户增多，有的家境较好，便移居城市，有的逃往他乡，继续从事农业生产。这类现象不仅发生在西北地区，大量农村的上户移居城市，大量的下户流入大城市寻找生路，是当时的普遍现象，都城更甚。这种趋势在宋代更为盛行。

[1] 《唐会要》卷八三《租税上》，第1819页。

[2] ［日］龙谷大学佛教研究所编、小田义久责任编辑《大谷文书集成》第一卷“Ⅲ 吐鲁番出土敦煌关系文书”，图版一二〇、一二一，《长安三年（公元703年）停逃户文书》，京都：法藏馆，1983年。原文书用的是武周新字，现一律改为常用字体。唐长孺先生在《唐代的客户》一文中，对这件文书进行了探讨。唐长孺：《唐代的客户》，《山居存稿》，中华书局，1989年，第129页。

由于逃户屡禁不绝，政府陆续采取了一些逐渐宽松的政策[1]，在两税法实施后，“户无主客，以见居为簿”，可以说对流动的“客户”有了政策性的转变。宋代主户与客户概念与唐代性质各异，与两税法及此后的一系列相关政策应该有密切关系。

因都城所独具的政治、经济、文化、军事、宗教中心功能而流入长安的流动人口大体上由以下几部分群体组成：

（1）科举制和铨选制的确立与完善，使大批举子和待选官吏从全国各地赴京应举参选。

（2）由于都市政治中心功能的强化，形成各地士族向两京迁移的趋势，此外还有为数众多的士人进京游历和游宦。

（3）地方政府（州、府、道）因朝集上计、贡献、临时汇报等原因而派遣的进京使臣或使团，以及驻京机构人员。

（4）为供应京师皇族、官吏、军队、政府机构对

[1] 《唐会要》卷八五《逃户》：“大历元年制：逃亡失业萍泛无依，时宜招绥，使安乡井。其逃户复业者，宜给复二年，无得辄有差遣。如有百姓先货卖田宅尽者，宜委本州县取逃死户田宅，量丁口充给。”（第1856页）

粮食、薪炭及有关物资或原料等的庞大需求，而担任运输任务的各地民夫、船夫、押运官吏及军人。

（5）由于工商业的发展和坊市制的确立和变化，都市中涌进了大量私营商人、手工业者以及为满足都市各种生活及娱乐之需的各类服务行业人员。

（6）由于都市土木兴造浩繁，需要从全国各地征集大量民夫及手工艺人。

（7）因番上而短期进京的工匠、勋官、散官及其因各种原因的探亲家属。

（8）流连京师的外国商人、使团、留学生、游方僧道等。

（9）城市的发展或乡村经济凋敝，也使大量农民长期或短期涌入城市，成为服务业、建筑业雇募的主要对象。

上述不同类别的流动群体，属于不同的社会阶层和不同的文化知识层次，其间亦有交叠，几乎涵盖了社会各个层面。因此，他们的流动，不仅对都城各个方面都有影响，而且这些影响是多层次的。对逃户的限制逐渐松弛，两税法的实施，都为流动人口提供了短期和长期客居他乡的便利。

如果我们延伸到北宋，开封府城内，滞留、聚居着大量乞丐群体、手工业者群体，比之唐朝更甚。

三、举选人

——理解都城流动人口的窗口

上节我们把唐长安的流动人口析分为九类，每类群体都在城市发展过程中发挥不同的作用。其中，为参加铨选和科举的选人和举子，在都城流动人口中所占比例并不大，但对政治文化和城市发展的显性和隐性的影响如何估计都不会过高。因此，从唐长安流动人口入手，选取有典型意义的举选人，通过对这一群体流动的状况的探讨，考察流动人口数量和频率，以及对都城社会的影响。并希望以此带动对其他流动人口群体的更深入的探讨。

隋确立、唐加以完善的中央铨选体制和科举制，对京城流动人口的数量和结构都产生了重大的影响，不仅造成“人不土著，萃处京畿”的空间流动趋势，而且还从根本上削弱了魏晋以来门阀士族赖以依托的社会基础。因此，就进京的举选人数量来看，虽然只占向京城流动人数的一小部分，但其政治、经济、文化、社会意义却不可低估。

这部分流动群体主要包括：进京应举、赴选的举选人及其家属、仆从；因秩（任期）满待选或滞留京师的前资官；因宦游而萃处京师的官僚士子及其家属、仆从；虽任职外府但已举家迁至京师的官吏等。

（一）各类举子及相关人员

下面我们归纳一下各类举子及相关人员：

1. 进京应举的举人及仆从

举人包括地方诸州经过筛选和考核举送到京参加常举的乡贡进士、乡贡明经，国子监保送至省参加常举的国子进士、国子明经，应制举的士民官吏。《北里志》中的刘覃，“年十六七，永宁相国邺之爱子，自广陵入举，辎重数十车，名马数十驷”。随行的仆隶自然也不在少数。乡贡进士和乡贡明经是举人群体中的大宗，是京城流动人口的重要组成部分。每年地方诸州举贡的人数史书并没有明确记载，在几百至数千之间波动。

2. 国子监学生

唐国子监学生都是住读在监，但因住监有年限规定，应介于常住与流动人口之间，外地监生并未在京著籍。据《唐六典·国子监》载，国子监六学，国子学学生 300 人，太学学生 500 人，四门学学生 500 人，俊士 800 人，律学学生 50 人，书学学生 30 人，算学学生 30 人。太宗（公元 626—649 年在位）时，招徕海内外学子“诸生员三千二百”，“四方秀艾，挟策负素，集京师，……于是新罗、高昌、百济、吐蕃、高丽等群酋长并遣子弟入学，鼓笥踵堂者，凡八千余人”[1]，亦相当可观。

---

[1] 《新唐书》卷一九八《儒学上》，第 5636 页。《通典》卷一七《选举五》载，开元十七年（公元 729 年）国子监祭酒杨玚言：“三千学徒，虚费官廪”，应是正常名额。

3. 赴制举人

制举在一般情况下，临时别敕，应举者须由在职要官保举，举人以少而精为原则，所以应制举人数较少。

每年士子应举人数,为数千人。除肃、代两朝锐减，基本在两三千人，加上家属、仆从，至少四五千人。

4. 选人

选人是指通过科举及第、门荫结品、流外入流等途径取得做官资格和停替待选的前资官有资格参加吏部、兵部铨选者，以吏部选人为主。选人在唐朝成为一种身份性的称谓或头衔，不少人虽然具有了选人身份，但并未得到一官半职，死后，墓志铭中，在叙述履历和身份时，也要特意标明“吏部常选”或“兵部常选”。

唐代实行中央铨选制，“一命之官悉归吏部”，凡选人，都须集中在京城参加吏部主持的铨选，接受“身、言、书、判”的考察。由于选人的特殊性与分散性，历来都未将其作为一种相对独立的力量，无专文研究，也往往忽视选人群体也是都城流动人口中的重要组成，举子为备考，选人因待选，都会有相当一部分人长期滞留京城。

唐代选人的数量由于种种原因，变化很大。唐代的选人，从唐初到唐末，数量变化大体呈坡形曲线。

在一般情况下，选人群体是数千至一万上下。但是有相当一部分选人是前资官，即前任期满，停替待选。他们的流动，无论是出京就职、归乡，或进京赴选、滞留京师待选，很多人不仅有仆隶随从，也有携带家眷者。因此，选人群体（包括家眷仆从）的人数，少则一万，多则数万。如《朝野佥载》所载“垂拱以后，每岁常至五万人”接近事实，则武后时，可能超过五万，再加上仆从，甚至将近十万。此后有所回落，睿宗（公元 710—712 年在位）至玄宗（公元 712—756 年在位）朝，一般为“万余人”，如加上家属、仆从，当不少于两万。玄宗天宝后骤减，安史之乱，“铨法无可道者”，选人进京数量大幅度下降，德宗整顿铨法后，大量选人又聚集京师赴选待阙，再加上因冬荐制而赴京的幕职官吏，也在万人上下。敬宗（公元 824—826 年在位）时，选司已面临“入仕转多”“注拟无阙”的尴尬局面。虽然没有更详细的数字，但懿宗（公元859—873年在位）时，尚“每岁选人四千余员”[1]，此前，应不少于四千。因此，不计唐初、安史之乱与唐末三段特殊时期，举选人群体（唐后期包括参加冬荐者），一般在一万五千至三万之间波动。

《通典·选举三》对官额与应入官者的比例有一段总结：“按格、令，内外官万八千八十五员，而合入官者，自诸馆学生以降，凡十二万余员。其外文武贡士及应制、挽郎、辇脚、军功、使劳、征辟、奏荐、神童、陪位，诸以亲荫并艺术百司杂直或恩赐出身受职不为常员者，不可悉数。大率约八九人争官一员。”[2]

以往的研究，或对举选人等流动群体忽略不计，或将流动人口笼统地包含在脱漏人口中，或仅以韩愈在贞元十九年《论今年权停举选状》中所举“都计举者不过五七千人”为准，过低估计举选人流动群体的规模和数量。严耕望先生的估计较为客观，他认为流动人口即举选人加朝集使（包括仆隶在内），为数万人，

[1] 《旧唐书》卷一七二《牛僧孺传附牛徽传》，第4474页。

[2] 《通典》卷一五《选举三》，第362页。同书卷十九《职官一》和卷四十《职官二二》都记为一万八千八百五，不知孰是。

唐后期参选人少于唐前期[1]。但举选人及朝集使只是流动人口的部分构成，仍非流动人口的全部。

(二)举选人与长安

举选人这一群体虽然只占唐长安总人口的百分之一至百分之三（按百万人计），但由于他们独特的政治社会地位，以及他们所造就的精英文化与平民文化交流融汇的文化氛围，与其他流动群体如工商业者、僧道、番上军将、民工、伎艺人等相比，对长安的政治、经济、文化、社会风尚等方面的影响更大，也更为朝野所瞩目。由于举选人群体的进出，使诡谲万变的政治风云、沸沸扬扬的朝野舆论、缠绵悱恻的爱情悲剧、荒诞不经的神怪异事，以及由此而形成的诗文并茂的文化氛围，演绎得更加有声有色、如泣如歌。在探讨中国中古时期发生的大都市化进程时，上述诸多流动群体构成了多姿多彩的风貌，留给后人无限的余韵，也拓展了后人探索的空间。

[1] 严耕望:《唐长安人口数量之估测》，第1069—1099页。

科举制和中央铨选体制的建立所造成的流入京城人口的激增，当时人已有评论，《通典·选举五》载，开元时左监门卫录事参军刘秩言："隋氏罢中正，举选不本乡曲，故里闾无豪族，井邑无衣冠，人不土著，萃处京畿。"代宗宝应二年（公元 763 年），中书舍人贾至论及不宜恢复乡举里选，其理由是"衣冠迁徙，人多侨寓，士居乡土，百无一二"[1]。

关于士族的迁徙趋向，毛汉光先生在《从士族籍贯迁徙看唐代士族之中央化》一文指出："唐代官僚制度中的选制对地方人物产生巨大的吸引力"，"使郡姓大族疏离原籍、迁居两京"。[2] 根据毛氏的统计，旧士族的迁徙趋向，在安史之乱前，多集中于两京一线。正如白居易为崔玄亮作墓志铭中所言："自天宝以还，山东士人皆改葬两京，利于便近。"

礼部员外郎沈既济提到反对恢复汉代辟召法仍坚持吏部选集人的主要理由是："帝王之都，必浩穰辐凑，

[1] 《唐会要》卷七六《贡举中·孝廉举》，第 1395 页。

[2] 毛汉光：《从士族籍贯迁徙看唐代士族之中央化》，《"中央研究院"历史语言研究所集刊》第 52 本第 3 分。后收入所著《中国中古社会史论》，上海书店出版社，2002 年，第 333 页。

士物繁合，然后称其大。若权散郡国，远人不至，则京邑索矣，如之何？”沈既济认为：“自隋罢外选，招天下之人聚于京师，春还秋往，鸟聚云合”，而“若仕进外绝，要攒乎京，惜时怀禄，孰肯安堵。必货鬻田产，竭家赢粮，糜费道路，交驰往复，是驱地著而为浮冗者也！”[1]

《唐语林》记载，王沐，家居江南，以从兄王涯作相，骑驴至京师投奔[2]。又，令狐陶以姓氏少，宗族有归投者，多慰荐之[3]。足以见虽非举选人，赴京投亲靠友以求进身者当不在少数。

京城对士人的巨大吸引力，正在于中央集权的政治体制及其从属的选举制的向心作用。

我们仅仅讨论了流动人口中的举选人群体，对其他流动人口，如：游历、游宦的士人，地方进京出差官吏，各地承担运输物资进京任务的官吏和民夫，涌入并活跃在京城的工商业者、艺人、因工程需要而征

---

[1] 《通典》卷一八《选举六》，第 445 页。

[2] 〔宋〕王谠撰，周勋初校证《唐语林校证》卷六《补遗》，中华书局，1987 年，第 599—600 页。

[3] 《唐语林校证》卷七《补遗》，第 648 页。

调的民夫和工匠、外商、使团、留学生、游方僧道等，流动规模和流动频率远远大于不过数万人的举选人，更应该给予充分的关注。

四、“浮寄流寓不可胜计”的京城社会

如果说举子选人的流动在政治、文化方面的影响对都城发展的作用非常明显，那么从数量上看，流入大城市的人口中，最多的则是建筑业和服务业所需的劳动力。

（一）“变征役为雇召之目”促进劳动力大军向京城的集中

人口向大城市主要是都城的流动与集中，是唐宋城市发展变化的主要特征。以都城为代表的大城市在膨胀过程中，出现两种趋势，一是大量的流散劳动力涌向生存机会更多的都城等大城市，二是随着经济的发展和社会财富向京城的积聚，皇家、官府、私人的建筑需求也随之膨胀。双向需求促进了以都城长安、洛阳为代表的大都市方兴未艾的建筑业，推动了建筑业市场的培育和成长。唐朝长安等大城市在建筑业方面的巨大需求与“浮寄流寓”人口之间的关系是理解流动人口的重要方面。在“变征役为雇召之目”的趋势下，建筑业劳动力来源及构成发生了什么变化？探讨这个问题可以从一个侧面更深入了解流动人口与城市社会经济发展之间的互动。

《通典》云：“今兵革未宁，黎庶凋瘵。数年前，天下簿帐到省百三十余万户。自圣上御极，分命使臣，按比收敛，土户与客户共计得三百余万。比天宝才三分之一，就中浮寄仍五分有二。出租赋者减耗若此，食租赋者岂可仍旧。”[1]那么，浮寄户主要的流向是什么？再据《长安志》载：“长安县所领四万余户，比万年为多，浮寄流寓不可胜计。”[2]长安城所谓的“浮寄

[1] 《通典》卷四〇《职官二二》，第1108页。

[2] 〔宋〕宋敏求、〔元〕李好文撰，辛德勇、郎洁点校《长安志·长安志图》之《长安志》卷一〇“西市”条注文，三秦出版社，2013年，第337页。

流寓”不可胜计，显然是指那些没有著籍的外来人口，包括相当数量的流动人口。这些人的来源和他们的性质以及他们的去向是什么？

上述两段史料揭示了一个基本史实，唐中后期，随着均田制的崩溃和两税法的推行，大量浮寄人口溢出户籍，以客户身份流寓异乡。这些浮寄人口的流向，据《长安志》所记，有相当一部分涌入可以提供更多生存空间的城市中，主要是以京城长安和洛阳为主的大城市。

唐代城市发展过程中，有两类人是紧缺而急需的，一是日益增长的商业、手工业、服务业、娱乐业所需，二是方兴未艾的建筑业。两者亦可视为相辅相成、吸纳浮寄流寓人口的渊薮。关于城市与商业、手工业、服务业、娱乐业的互相促进，很多学者已经论及，但对于第二类需求，尚停留在对官私手工业及官私手工工匠研究领域。建筑业与城市发展关系及其相关问题，还有很多可以进一步探讨的空间。

由此引出本书关注的问题：作为京城的长安和洛阳，在城市经济发展的背景下，具有巨大而持久的公私建造需求，建筑业所需的劳动力来源是什么，如何估测长安建筑市场所需劳动力数量，这些不可或缺的劳动人口最终走向何方？借此或许可以更深入探讨在古典城市化进程中长安城市社会阶层变动和人口构成及数量的问题，也可以对流动人口与京城人口的关系有更深入的了解和清醒的认识。同时也关系到我们进一步探讨城市管理、流动人口、建筑消费市场的容量、建筑业对拉动长安城市社会经济和促进城市人口结构变化的影响和作用等诸多问题。

（二）蓬勃发展的京城（皇家、官府）建筑业

有唐一代，长安皇家、官府、公共重大工程所需数量巨大的人力，史不绝书。大臣们的进谏、劝阻，亦史不绝书。

官府和皇家系统在长安的建筑工程（非私人建筑），据《册府元龟·帝王部·都邑二》的不完全统计，从唐高祖武德元年（公元 618 年）到唐宣宗（公元 846—859 年在位）大中二年（公元 848 年），各朝重要工程记载如下：高祖 2 次，太宗 4 次，高宗 10 次，玄宗 10 次，德宗 13 次，穆宗 3 次，敬宗 3 次，文宗 8 次，

武宗 2 次，宣宗 4 次。肃、代两朝未载，昭宗时期 1 次，是在朱温（后梁太祖，公元 907—912 年在位）的主持下进行的，可忽略不计。兴造规模比较大和频率较高的是隋，唐朝则是太宗、武则天、玄宗、德宗、文宗时期记载比较多。肃宗和代宗朝，可能是战乱时期无暇修造或没有进行较大的工程，缺载[1]。工程最多征用七十万民夫，工期阶段性持续最长时间是九十天，还有一些工程从开始到完工，中间有停歇，持续数年。

各官署及官府机构建造和修缮花费亦极为可观，据载，仅京兆府府廨就用去 20 000 贯钱，河南府廨，占洛阳宣阳坊半坊之地。再如南唐袁州，总六百余间[2]，规模可见一斑。白居易为苏州刺史，府衙内景致宜人，超出他的想象[3]。此外，中央和地方官府都非常重视官衙内的装饰，壁画是最重要的装饰，装饰工程所需画师、画匠、工匠和大量材料的支出，必然不菲。

都城内外的官府修建业可分为几类：一是必须营

---

[1] 因没有考核其他材料，只能是不完全统计，俟后有机会再进行补充。

[2] 〔唐〕刘仁赡：《袁州厅壁记》，《全唐文》卷八七六，第 9158 页下栏。

[3] 〔唐〕白居易：《郡中西园》，〔唐〕白居易著，朱金城笺校《白居易集笺校》卷二一，上海古籍出版社，1988 年，第 1402 页。

建修缮的城、墙、宫殿、官署、庙、楼、阁、门、坛、仓窖等；二是城市基本建设及设施；如道路、坊墙、官舍、桥梁、沟渠、绿化等；三是城内外的水利工程及设施；四是皇家寺观等。虽然皇家营修与官府公共事务工程有不同，经费来源也不同，但因都是由官府有关部门主持和征调人力、物力，也可以归为一类。由官府主持的各类工程，工程浩繁，用工费，用时长，大大小小工程具有不间断性，需要大量的人力、物力。尤其是都城的营建，所耗费的人力、财力、物力，非其他工程可比。[1]

隋文帝（公元 581—604 年在位）开皇二年（公元 582 年），兴建大兴城，以左仆射高颎为营建新都大监[2]，太子左庶子宇文恺“领营新都副监”[3]，“创制规

[1] 牛来颖：《唐宋州县公廨营修诸问题》，《唐研究》第 14 卷，2008 年，第 327—346 页。讨论了包括京兆府在内的地方官署的营修，并将官府营修工程按照《营缮令》令文的逻辑，区分为新造为营和修理为缮两类，经费来源和用工也要不同。

[2] 〔唐〕魏徵：《隋书》卷四一《高颎传》，第 1180 页。据西安出土《故邛州别驾陇西公李君墓志》云墓主李询也任职大监，参见辛德勇《隋唐两京丛考》上篇“西京”，三秦出版社，2006 年，第 2 页。

[3] 《隋书》卷六八《宇文恺传》，第 1588 页。

模”，主持设计工作。[1] 第二年三月竣工，以后又陆续有修缮、增高、加固之举。大兴城（唐长安城）外郭城规模“周六十七里”[2]。城垣则累次叠筑，逐渐加高，规模较大的如隋炀帝（公元604—618年在位）大业九年（公元613年），动用10余万人在宫城和皇城以外对外郭城进行续修工程。[3] 唐高宗永徽五年（公元654年）十一月，为修京城罗城，“和雇京城百姓四万一千人，版筑三十日而罢，九门各施观”[4]。如每人每天工作量计一工，共计一百二十三万工。

再如隋炀帝大业元年，营建东都洛阳，以杨素为营东京大监[5]，以杨达、宇文恺等为副监[6]。据《大业杂记》载：“一时布兵夫周匝四面，有七十万人。”[7]“九旬

---

[1] 《长安志·长安志图》之《长安志》卷六《宫室四》，第231页。

[2] 《长安志·长安志图》之《长安志》卷七《唐京城一》，第254页。

[3] 关于隋大兴城外郭城的修建，参见辛德勇《隋唐两京丛考》上篇“西京 二、大兴外郭筑成时间辩误”，第6—8页。

[4] 《旧唐书》卷四《高宗本纪（上）》，第73页。

[5] 《隋书》卷四八《杨素传》，第1291页。

[6] 《隋书》卷四三《观德王雄传附杨达传》，第1218页；《隋书》卷六八《宇文恺传》，第1588页。

[7] 〔唐〕杜宝撰，辛德勇辑校《大业杂记辑校》，三秦出版社，2006年，第15页。

而就。”[1]“城周匝两重，延袤三十余里，高四十七尺，六十日成。其内诸殿基及诸墙院又役十余万人。”[2]《隋书·食货志》的记载为：“始建东都，以尚书令杨素为营作大监，每月役丁二百万人。”[3]还有配套工程西苑，规模更大。《大业杂记》载：“元年夏五月，筑西苑，周二百里。其内造十六院，屈曲周绕龙鳞渠。”[4]其他配套工程还未计，主体工程大约用时十个月。

长安和洛阳的扩建和修缮工程频繁持久而具有一定规模。如有名的大明宫，原为太宗贞观八年（公元634年）所置永安宫，后改名曰大明宫以备太上皇清暑[5]，南接京城之北面，西接京城之东北隅。规模宏大，南北五里，东西三里，“公卿百僚争以私财助役”[6]。高

[1]《隋书》卷六七《裴矩传》，第1578页。

[2]《大业杂记辑校》，第15页。

[3]《隋书》卷二四《食货志》，第686页。每月役丁二百万，与《大业杂记》所记“兵夫七十万”，不知如何理解？

[4]《大业杂记辑校》，第13页。

[5] 唐大明宫究竟因何原因而建，有专家提出不同看法。高本宪：《大明宫研究院系列丛书：大明宫遗址》，陕西人民出版社，2011年。该书对大明宫的初建史事进行了新的诠释，分析了永安宫与大明宫的关系，订正了大明宫创建的原因、时间，也对相应历史背景作了探讨。他认为永安宫和大明宫是两个独立的宫。可备一说。

[6]《唐会要》卷三〇《大明宫》，第644页。

宗龙朔年间（公元661—663年）又大加兴造，陆续修建了蓬莱宫、含元殿、紫宸殿、宣政殿、蓬莱殿等，宫内外还有很多建筑和设施。

仅据《册府元龟·帝王部·都邑二》，列举的长安重要工程即60余项，如高祖武德五年（公元622年）“营弘义宫”，武德八年（公元625年）造太和宫于终南山，太宗贞观八年(公元634年)修永安宫（九年改大明宫），玄宗开元二年（公元714年）修兴庆宫之勤政务本楼和花萼相辉楼，开元十一年（公元723年）于骊山造温泉宫，开元十二年（公元724年）修兴庆宫，天宝元年（公元742年）造长生殿，穆宗长庆元年（公元821年）于禁中造百尺楼，等等。[1]再如唐玄宗为其胞妹金仙、玉真二公主所修道观，可谓京城一绝。《两京新记》载，金仙女官观，“制度造为京城之华丽”；玉真女官观，“事源物制与金仙同”；“此二观南街东当皇城之安福门，西出京城之开远门，车马往来，实为繁会。而二观门楼琦榭，耸对通衢，西土夷夏，自

[1] 《册府元龟》卷一四《帝王部·都邑二》，第154—168页。《唐会要》卷三〇《大内》记载，从高祖武德年间到宣宗大中年间的宫殿营造和修缮，罗列了近四十项工程。更详细的记载，笔者做了一览表，但限于篇幅，暂略，只能是择其要而录之。

远而至者，入城遥望，窅若天中”。[1] 宏伟华丽，尽在此中。虽然工程的归属比较模糊，但也是征调夫役进行营建的。

类似这样的修建很频繁，史籍也仅是择要而记。

潘镛先生在《唐代的长安》一文中推算唐长安城的宫城约占全城总面积的3.7%，皇城约占6.3%，居民区约占63.8%,其他面积为道路、河渠等设施所占。[2] 按照他的比例计算，城市设施所占据城市面积达到了26.2%。因此，需要的修缮和维护是持久而频繁的，所用的人力、物力、财力也是非常可观的。

这些城内公共设施的修缮，如修桥、修路、挖沟、开渠、修补城墙坊墙、零散修缮等中小型工程，虽然规模不大,但也是持续和频繁的,人力、物力从何而出，仅有些零星记载。目前看到的有关记载，如坊墙的修缮，经常由坊内众人共修，但从制度上似无依据。

[1] 〔唐〕韦述撰，辛德勇辑校《两京新记辑校》引《新记残卷》，三秦出版社，2006年，第30页。

[2] 潘镛:《唐代的长安》,《昆明师范学院学报》1981年第4期。

（三）建筑业所需劳动力来源

上述这些工程所需工匠与民夫，主要有四个来源：一是服役的工匠和丁夫，二是禁军系统的卫士和官健，三是和雇或招募，四是科配当界居民。四种来源，一般是几种并存，但唐前后期又有明显的侧重和变化。下面分析一下四种来源的变化。

服役的工匠和丁夫[1]。隋和唐初的大型修建，动辄征调数万乃至数十万工匠和丁夫。据载，少府监管辖一万九千八百五十名工匠，将作监管辖一万五千名工匠，“散出诸州”[2]，单列匠籍，有需要时，征调至京师。如“其驱役不尽及别有和雇者，征资市轻货，纳于少府、将作监。其巧手供内者，不得纳资。有阙，则先补工巧业作之子弟。一入工匠后，不得别入诸色”[3]。所需丁夫，京畿地区是重点征役区，劳役负担畸重，朝廷

[1] 关于丁夫是一类人还是两类人，因《唐律疏议》卷二云：“疏议曰：丁谓正役，夫谓杂徭及杂色工匠、诸司工乐杂户”，似乎是两类人，但也有不同理解，暂存疑。

[2] 《唐六典》卷七《工部郎中员外郎》，第222页。

[3] 《唐六典》卷七《工部郎中员外郎》，第222页。

也因此多次减免京畿地区民众的赋税。

据魏明孔先生的研究，自开元天宝之际，随着商品经济的发展，大部分官府工匠已经由和雇而来，力役的征发反倒退居次要位置，而且越来越不重要，官府工匠的身份也逐渐与私人工匠的身份趋同。[1] 虽然不是专指建筑工程，但也具有普遍性。[2]

通过专项和临时筹措的资金，采用和市和和雇，应该是唐后期官府工程营修解决所需工匠酬资来源的主要方式。[3] 第一种征役的方式则逐渐淡化。

---

[1] 魏明孔:《浅论唐代官府工匠身份的变化》,《中国经济史研究》1991 年第 4 期。

[2] 毋庸置言，私人营建自筹经费，所需工匠和民夫一般也通过劳动力市场，如何通过市场将在后文讨论。

[3] 关于京城营建修缮工程的经费来源，参见李锦绣《唐代财政史》上卷，北京大学出版社，1995 年，第 1096 页；牛来颖《论唐长安城的营修与城市居民的税赋》,《唐研究》第 15 卷，第 91—110 页；彭丽华《唐前期两京官府工程的经费筹集》,《南都学坛》2014 年第 3 期。关于雇募工匠的讨论，可参见唐长孺《魏、晋至唐官府作坊及官府工程的工匠》,《魏晋南北朝史论丛续编》，生活·读书·新知三联书店，1959 年，第 29—92 页；张泽咸《唐代工商业》上编“十五、工匠身份及其组织”，中国社会科学出版社，1995 年，第 206—215 页；李鸿宾《唐代和雇及对官私手工业的影响》,《山西大学学报（哲学社会科学版）》1992 年第 2 期。此外，关尾史郎、朱雷、杨际平、郑炳林、郝春文、马德等利用敦煌吐鲁番出土文书，对唐代工匠的

禁军系统的当番卫士、兵夫、官健。征用的禁军士兵，自开元后，逐渐成为营修皇城和宫城内的有关工程的主力，人数最多时征调一次达两万人。[1]

三是雇募。上文已经论及，直接征调丁夫、工匠服役从事营建及修造等工程的方式，逐渐被和雇、雇募等方式所取代，唐前期，这种趋势已经出现。如唐高宗永徽五年（公元 654 年）十一月，为修京城罗城，和雇雍州夫四万一千人，三十日毕。[2] 玄宗天宝年间，筑兴庆宫墙起楼观，《旧唐书》记为天宝十二载（公元 753 年）冬十月“和雇京城丁户一万三千人”[3]；《册府元龟》记载为十二载（公元 753 年）十月“役京师及三

诸多问题进行了深入研究，彭丽华在《唐五代工匠研究述评》中有比较详细的概述。（《井冈山大学学报》2014 年第 2 期）

[1] 《册府元龟》卷一四《帝王部·都邑二》，第 161 页上栏。详细请见前文。

[2] 《旧唐书》卷四《高宗纪上》：“（永徽五年）和雇京兆百姓四万一千人，板筑三十日而罢”，“以工部尚书阎立德领丁夫四万筑长安罗郭”（第 72 页），计十二万三千工，如果每天都用四万人一千人，三十天应该是一百二十三万工。《唐会要》卷八六《城郭》载：“和雇雍州夫四万一千人，修京罗城郭，三十日毕。”（第 1876 页）可知，唐前期很多大型工程也是采用和雇的方式征集丁夫、丁匠。但唐前期的和雇带有更多的强征性，参见张泽咸《唐五代赋役史草》，中华书局，1986 年，第 378—396 页。

[3] 《旧唐书》卷九《玄宗下》，第 227 页。

辅人一万三千人”[1];《唐会要》则为天宝十三载(公元754年)十月十七日“和雇华阴、冯翊、扶风三郡丁匠,及京城人夫一万三千五百人,筑兴庆宫城,并起楼,四十九日毕”[2]。又,同书又载“乾符六年(公元879年)十月,京兆府奏:故尚父子仪庙,因霖雨倒塌,敕减赐御膳钱三千贯,雇丁匠修筑。仍令所司,明年仲春,以太牢祭于庙”[3]。

当界居民摊派,征调劳力。第四种方式,即当界公共设施的修缮,会经常性摊派,向居民征调劳动力。按照规定,应该由官府和雇人工,朝廷希望按照既定的征调制度和原则,不增加当界民众的负担,因此有禁止广泛科敛和广有劳役的指令。这里的“广”并非指广泛的地区,因为不存在从全国或大区域征调民夫修缮当界公共设施的情况,只会征调和科敛当界民众,因此“广”是指具有普遍性。“变征役为雇召”的趋势,使得这些劳作和修缮也更多地采用雇召的方式。

[1] 《册府元龟》卷一四《帝王部·都邑二》,第159页上栏。

[2] 《唐会要》卷八六《城郭》,第1877页。如果前期也是雇募,丁夫的含义就是丁壮劳动力,是否没有正役和杂徭之分?张泽咸《唐五代赋役史草》关于各种“役”有比较详细的论述,第293—295页。

[3] 《唐会要》卷四五《功臣》,第951页。

于是，出现两种情况：一是通过征收各种名目的免役钱由官府临时雇召，二是由官府出面成立专业队，进行修缮和淘沟疏渠等工作，经费仍然来源于居民缴纳的钱。在唐代，这部分经费和责任界定还处于过渡和混合期，不是很明确，因此中央和当界官府处置不一。北宋的情况就有不同了，官府采取雇役的方式，从事市政管理和维护，出现了官夫、役夫等称谓，有些应该属于官府掌控的负责城市修缮基建市政等工作的专业人员。[1]

皇家和宫府主持的营修工程，由下列概览表可见一斑：

[1] 〔宋〕袁褧：《枫窗小牍》卷下记载北宋“宣和三年二月，新郑门官夫淘沟”，丛书集成初编本，商务印书馆，1937 年，第 26 页；〔宋〕蔡绦：《铁围山丛谈》卷五载“开宝寺灾，殿舍既雄（吴本作‘峻’）人力罕克，施鲁公时尹天府，夜帅役夫拯之，烟焰属（吴本‘属’作‘烛’）天矣”，中华书局点校本，1983 年，第 85 页；〔宋〕吴自牧撰，符均、张社国校注《梦粱录》卷一三《诸色杂货》：“亦有每日扫街盘垃圾者，每日支钱犒之。”三秦出版社，2004 年，第 200 页。〔宋〕洪迈：《夷坚志》乙志卷二〇《神霄宫商人》记载有潦倒之人“日日从役污渠中”，中华书局点校本，1981 年，第 357 页。

唐长安皇家与官府工程概览表

序号	时间	工程名称	所用人工	经费或规模	所用时间	出处
1	开皇二年（582）	大兴城		六十七里		《长安志》卷七
2	大业初	东都	七十万		六十日；九旬	《隋书》卷六七《裴矩传》
3	大业初	东都内诸殿基及诸墙院	十余万			《大业杂记》
4	大业元年（605）	西苑、十六院、龙鳞渠		周二百里		《大业杂记》
5	大业四年（608）	东都天经、仙都二宫				《续谈助》卷四
6	大业九年（613）	大兴外郭	丁男十余万			《隋书》卷四《炀帝下》
7	贞观八年（634）	永安宫		公卿百僚争以私财助役		《唐会要》卷三〇《大明宫》
8	永徽四年（653）	续修宫室		率天下口税一钱		《玉海》卷一七四《宫室·唐京城》
9	永徽五年（654）	筑京师罗郭起观于九门	四万一千	以工部尚书阎立德领丁夫（四万）；和雇京兆百姓四万一千人	三十日；板筑三十日而罢	《唐会要》卷八六《城郭》；《旧唐书》卷四《高宗本纪（上）》

续表

序号	时间	工程名称	所用人工	经费或规模	所用时间	出处
10	龙朔年间（661—663）	蓬莱宫，含元殿、紫宸殿、宣政殿、蓬莱殿等		税延、雍、同、岐、豳、华、宁、鄜、坊、泾、原、虢、绛、晋、蒲、庆等十五州率口钱，修蓬莱宫，二十五日，减京官一月俸助修蓬莱宫		《唐会要》卷三〇《大明宫》
11	垂拱四年（688）	拆乾元殿，于其地造明堂		凡役数万人		《旧唐书》卷一八三《武承嗣传附薛怀义传》
12	长寿元年（692）	修神都等城门，修筑外郭				《旧唐书》卷一一七《李昭德传》

续表

序号	时间	工程名称	所用人工	经费或规模	所用时间	出处
13	久视元年（700）	将造大像		用功数百万；穷奢极壮画绘尽工；令天下僧尼每人日出一钱助成其事		《册府元龟》卷三二七《宰辅部·谏诤第三》
14	太极元年（712）？景云二年(711)？[1]	春起金仙、玉真两观		用功巨亿	望两京公私营造及和市木石等并请且停	《旧唐书》卷一〇〇《裴漼传》；《旧唐书》卷一〇一《韦凑传》
15	开元	建兴庆宫、花萼相辉之楼和勤政务本之楼				《唐会要》卷三〇《兴庆宫》
16	开元十一年(723)	造温泉宫于骊山				《唐会要》卷三〇《华清宫》

[1] 太极（公元 712 年正月至五月）是唐睿宗李旦的年号，历时 4 个月。景云（公元 710 年七月至 712 年正月）是唐睿宗李旦的年号。

续表

序号	时间	工程名称	所用人工	经费或规模	所用时间	出处
17	开元十八年（730）	长安外郭			凡十月而功毕	《旧唐书》卷八《玄宗本纪上》
18	开元二十年（732）	从兴庆宫筑夹城通芙蓉园，自大明宫夹东罗城复道，由通化、安兴门，次经春明门、延喜门，又可以达曲江芙蓉园				《唐两京城坊考》卷一
19	开元二十一年（733）	修百司廨宇		赋余		《唐会要》卷六〇《御史中丞》

续表

序号	时间	工程名称	所用人工	经费或规模	所用时间	出处
20	开元二十二年（734），户部尚书杜暹担任京师留守	修缮三宫，增峻城隍	因抽当番卫士			《旧唐书》卷九八《杜暹传》
21	开元二十三年（735）	皇城城墙、门楼、助铺、屋舍	诸处职掌卫士			《唐会要》卷八六《城郭》
22	开元二十六年（738）	广花萼楼筑夹城至芙蓉园				《唐会要》卷三〇《兴庆宫》
23	开元二十六年（738）	修望春宫、两京路行宫		各进造殿宇及屋千间		《唐会要》卷三〇《杂记》
24	天宝元年（742）	造长生殿				《唐会要》卷三〇《华清宫》
25	天宝二年（743）	修东都罗城				

续表

序号	时间	工程名称	所用人工	经费或规模	所用时间	出处
26	天宝十二载（753）	筑兴庆宫墙起楼观（城兴庆宫）	役京师及三辅人（雇京城丁户）一万三千人			《册府元龟》卷一四《帝王部·都邑二》
27	天宝十三载（754）		一万三千五百人		四十九天	《唐会要》卷八六《城郭》
28	德宗建中（780—783）初	初修奉天城（非京师）	神策军			《旧唐书》卷一九一《桑道茂传》
29	德宗	夹城				
30	贞元三年（787）十二月	初作玄英门。及观于大明宫北垣				《册府元龟》卷一四《帝王部·都邑二》
31	贞元三年（787）	造会庆亭于麟德殿前				《旧唐书》卷一三《德宗下本纪》

续表

序号	时间	工程名称	所用人工	经费或规模	所用时间	出处
32	贞元四年（788）十月二十五日	奉敕修延喜楼筑夹城				《玉海》卷一六四《宫室·楼》
33	贞元五年（789）正月十九日	修玄武楼				《册府元龟》卷一四《帝王部·都邑二》
34	贞元十二年（796）	修望仙楼，又筑望仙楼东夹城；改造三殿前会庆亭				《唐会要》卷三〇《杂记》
35	元和二年（807）	诏新筑夹城置玄化门晨辉楼	左神军			《旧唐书》卷一五《宪宗上本纪》
36	元和三年（808）	修南内宫墙舍		共一千六百间		《唐会要》卷三〇《杂记》

续表

序号	时间	工程名称	所用人工	经费或规模	所用时间	出处
37	元和五年（810）	新造蓬莱池周廊		四百间		《唐会要》卷三〇《杂记》
38	元和八年（813）四月	修城南灰渠	神策军士			《唐会要》卷八九《疏凿利人》
39	元和十二年（817）	筑夹城自云昭门过芳林门西至修德里，以通于兴福佛寺	右神军众二千			《唐会要》卷三〇《杂记》；《册府元龟》卷一四《帝王部·都邑二》
40	元和十三年（818）四月	创修麟德殿之右廊，是月后龙首池，起承晖殿，雕饰绮焕，徙植佛寺之花木充焉	诏六军使			《唐会要》卷三〇《杂记》；《册府元龟》卷一四《帝王部·都邑二》

续表

序号	时间	工程名称	所用人工	经费或规模	所用时间	出处
41	元和十四年（819）三月	修勤政楼	左右军官各以二千健修			《唐会要》卷三〇《兴庆宫》
42	元和十五年（820）	七月新作永安殿及宝庆殿；修日华门通干门并朝堂廊舍；八月浚鱼藻池	发神策六军二千人浚鱼藻池			《唐会要》卷三〇《杂记》；《册府元龟》卷一四《帝王部·都邑二》
43	元和十五年（820）	于门下省东少阳院前筑墙及造楼观	发（左？）右神策军各千人			《唐会要》卷三〇《杂记》
44	长庆元年（821）	禁中造百尺楼		土木之工屡兴，时帑藏未实内外多事物议喧然		《唐会要》卷三〇《杂记》

续表

序号	时间	工程名称	所用人工	经费或规模	所用时间	出处
45	宝历元年（825）五月	于苑内古长安城中修汉未央宫，掘地获白玉一长六尺	神策军			《旧唐书》卷一七上《敬宗本纪》
46	宝历二年（826）	入内穿池修殿	左右神策六军威远皇城左右金吾共差二万人			《册府元龟》卷一四《帝王部·都邑二》；《旧唐书》卷八《穆宗本纪》
47	太和二年（828）八月	敕修安福殿及南院屋宇		一百八十八间，又修两仪殿及甘露殿共一百七十二间		《唐会要》卷三〇《杂记》

续表

序号	时间	工程名称	所用人工	经费或规模	所用时间	出处
48	太和元年（827）四月	诏毁升阳殿东放鸭亭，望仙门侧看楼十间，并敬宗所造也				《唐会要》卷三〇《杂记》
49	太和九年（835）	诸司营造曲江池亭馆		诸司自筹		《全唐文》卷七四《听诸司营造曲江亭馆敕》
50	太和九年（835）	修淘曲江、昆明池	发神策军一千五百人			《旧唐书》卷一七下《文宗本纪下》；卷一六九《郑注传》
51	太和九年（835）七月	修紫云楼于芙蓉北垣				《唐会要》卷三〇《杂记》

续表

序号	时间	工程名称	所用人工	经费或规模	所用时间	出处
52	会昌五年（845）	正月造仙台，六月修望仙楼及廊舍	神策军	奏修望仙楼及廊舍五百三十九间功毕		《唐会要》卷三〇《杂记》；《旧唐书》卷一八上《武宗本纪》；《长安志》卷六
53	大中元年（847）	二月敕修百福殿院		八十间		《唐会要》卷三〇《杂记》
54	大中元年（847）	百福殿成，名其殿曰雍和殿，楼曰亲亲楼，凡廊舍屋宇七百间，以会诸王子孙	神策军奏修			《旧唐书》卷一八下《宣宗本纪》

续表

序号	时间	工程名称	所用人工	经费或规模	所用时间	出处
55	大中元年（847）七月	敕亲亲楼号雍和殿，别造屋宇廊舍		七百间		《唐会要》卷三〇《杂记》
56	大中二年（848）	敕修右银台门屋宇及南面城墙至献武楼				《唐会要》卷三〇《杂记》
57	大中二年（848）	左银台门楼、屋宇及南面城墙，至睿武楼	神策军修			《旧唐书》卷一八下《宣宗本纪》;《唐会要》卷三〇《杂记》

续表

序号	时间	工程名称	所用人工	经费或规模	所用时间	出处
58	僖宗（黄巢在长安）	筑城	使两街选召丁夫各十万人筑城，人支米二升			《录异记》卷三《忠》
59	后周	渐次修扩汴州	量差近甸人夫			

应该说，上述统计并非全部，尤其是中小型工程和临时性修补，很多都没有记载或记载缺失。

（四）私人建筑业市场的方兴未艾

唐朝长安等大城市有巨大需求的建筑业与“浮寄流寓”人口之间的关系是多层面的，除了皇家、官府工程，也应该关注蓬勃发展的私人建筑业的兴盛及雇佣劳动力市场的形成，从这一角度能更深入了解流动人口与城市社会经济之间的互动，进一步思考建筑业市场的发展如何反映城市人口结构的变化等相关问题，也可以进一步了解建筑业工匠作为中下阶层在大都市的生存状况。

长安城内的私人建筑营修是一个巨大的市场，主要有以下几类：

一是一般生活所需住宅、园林、家庙、墓地等的营建与修缮；

二是皇族贵戚、公卿百官、豪富为生活享乐修建的楼台亭阁、园林池塘、别墅、寺观（也有的具有官私双重性）等的营建与修缮；

三是主要用于经营的商业建筑及设施，如商铺、作坊、邸店、旅舍、酒楼、茶肆等的营建与修缮；

四是数量众多的寺观的营建与修缮；

五是部分公共空间及设施的建造与维修，如道路、桥梁、坊墙、坊门、沟、渠等[1]。

在京城拥有豪宅，成为财富和地位的象征，财富向京城的流动和聚集，建造和拥有豪宅是明显的特征，也是权贵富民追捧的热点。上举马璘拥有费钱二十万打造的豪华中堂，死后中堂竟成为人们趋之若鹜的观

[1] 坊内的公共设施和水渠的修缮，往往需要当地住户共同或轮流承担任务，如敦煌地区的渠人社，坊门、坊墙的修缮似乎也是由坊正等组织进行。似乎没有列入政府的服役范围内，应该是一种责任和义务。很多工程也具有官私重叠交错性。

赏点。

宦官势力自玄宗朝起逐渐膨胀，兴建豪宅也成为宦官高层追逐的时尚，“开元、天宝中……甲舍、名园、上腴之田为中人所名者半京畿矣”[1]，京城甲第“中官参半于其间矣”[2]。

德宗时，杜佑、卢杞、赵赞等建议和推行开征的间架税[3]，也是基于城市房地产业的蓬勃发展，基于房产成为城市居民财富的主要组成部分而进行的财政税收的调整。从一个侧面反映了城市建筑业的发展和巨大市场。可知，京城房地产业的持续发展，所需劳动力是巨大的、持久的。

私人住宅与城市发展同步，会出现三个增长点：一是富贵人家日益追求奢华，使得宅第的造价水涨船高；二是随着人口的增长（自然增长和外来、流动人口的增加），对住宅量的需求也会增加；三是随着经济的发展，财富向京城的流动和聚集，一般民众和富人对住宅的需求标准（面积和装修）也会逐步提高。

---

[1] 《新唐书》卷二〇七《宦者传》，第 5856 页。

[2] 《旧唐书》卷一八四《高力士传》，第 4757 页。

[3] 详见拙文《唐德宗财税新举措析论》，《历史研究》2016 年第 4 期。

所有的地面私人建筑，包括商铺、住宅，都列入了征税的范围，如果说唐德宗时征收的“间架税”，险些成为压垮唐王朝的最后一根稻草，时过境迁，北宋逐渐成熟和完善的城市税收中，以房地产为对象的税种已经成为重要的组成部分，没有见到对此产生的异议或引发的动乱。

都城蓬勃发展的建筑业，不仅需要有数量众多的劳动力，而且还需要有源源不断的补充，这些劳动大军的构成，显然最直接和最方便的来源是京畿地区的青壮年。因此，京畿地区的劳役负担往往重于其他地区。但如果就此不再深入，那也就缺乏对都城包括建筑业在内，尤其是唐后期发展迅速的私人建筑市场，以及劳动力大军的全面认识。

都城建筑业劳动大军的主要来源有以下几个：

1. 京畿地区的青壮年

唐长安人口按照专家的推算，有可能达到100万，其中宫廷人口、官僚胥吏、军将、僧尼、域外来华侨寓者等，以及他们的家眷和仆隶，基本不会进入包括建筑业在内的劳动力市场。一般市民，工商业者占有很大比重，基本也不会选择劳动强度大、条件比较艰苦、报酬低的建筑业工作。一般市民中承担各种色役的人数占有相当的比例，越到后期会越多，市民中能应募做建筑工匠的人数不能确定，可能会有些人迫于生活去应募，但一般情况下，京城还有很多更好的生存机会，他们中的大多数会选择其他生存方式，如承担色役，挂籍禁军，做些小生意，出租房屋等。在笔记小说中，没有见到有关京城在籍居民在唐后期从事私人建筑工程工作的。

唐末，我们仍然可以看到京畿地区承担各种杂差的负担，连统治者也深表同情，懿宗咸通七年（公元866年）敕：“京畿之内，供亿事繁，色役差科，曾无虚日，黎人困苦，深可悯伤”[1]。色役虽然繁杂，但比起条件更加艰苦、劳动量更大的建筑行业，还是好得多。

2. 外地的流庸、客户、逃户

外地的流庸、客户、逃户等虽然没有具体数字，但应该是都城建筑业劳动力市场的重要来源。

[1] 〔宋〕宋敏求:《唐大诏令集》卷八六《咸通七年大赦》，商务印书馆，1959年，第489页。

京城频繁和大规模的公私营造更是需要大量的雇佣劳动力，而且工作周期也比较长，当然会吸纳更多的“流庸”。

关于南宋临安有一条材料，虽然距离唐朝远了些，但也能说明一定问题。前举李心传在《建炎以来系年要录》“绍兴二十六年（1156 年）七月”统计，并得出结论“外笈（籍）居民已经超土著”[1]。虽然说的是南宋时期临安的情况，距离唐朝已经有 400 年，但同样是都城，同样处在人口大规模向都城集中的进程中，从“浮寄流寓不可胜计”到“外籍居民已经超土著”，很多情况是类似的，在户籍制度松弛、商品经济发展、城市化进程加速的前提下，城市居民的结构会发生很大变化，外来人口的比重逐渐加大，是必然的趋势。

[1] 参见杨宽《中国古代都城制度史研究》，上海古籍出版社，1993 年，第 770 页，有具体的说明和分析。

五、《北里志》与《东京梦华录》的启示

《北里志》是唐代文人孙棨所撰，描写唐长安妓女群体的生活；《东京梦华录》是宋人孟元老所撰，描写繁华如梦的北宋都城开封。两书都对都市的商业服务业及从业人员有生动而具体的描写。

商品经济的发展使由唐入宋都市面貌发生了很大变化，人口结构改变、数量增加是显著特征之一。唐宋都城妓女作为一个特殊群体而与城市社会及其变化息息相关，她们的存在是唐宋城市社会生活的重要组成部分。她们的身份、生活方式乃至经营方式、经营场所、经营对象的变化，从一个侧面反映了城市社会变化。与唐长安城相比，北宋东京城人口结构变化主要是从事工商业、服务业人口所占比例增加，其次是

外来人口、流动人口数量大大增加，这些变化使宋代东京呈现出与唐长安不同的面貌，因商品经济而繁荣的娼妓业也发生了新变化。

城市具有活力，是城市发展的根本。凡是流动停滞的城市，其发展必定停滞，凡流动缓慢的城市，其发展必定缓慢。而从《北里志》[1]和《东京梦华录》[2]所描述的唐长安和北宋东京娼妓业及其变化，我们恰恰可以看到流动中的人和变动中的城市。

（一）长安城与诸妓

唐宋都城妓女作为一个特殊群体而与城市社会及其变化息息相关，她们的存在是唐宋城市社会生活的重要组成部分。由唐到宋，生活在都城的妓女群体发生了很大变化。她们的身份、生活方式乃至经营方式、经营场所、经营对象的变化，反映了城市社会的流动性特点日益突出。

唐长安城坊市规划整齐，制度严密。但在中后期，

[1] 〔唐〕孙棨：《北里志》，丛书集成初编本，中华书局，1985年。

[2] 〔宋〕孟元老撰，邓之诚注《东京梦华录注》，中华书局，1982年。

随着商品经济发展，经营性的商业服务业活动逐渐突破坊市界限。据史料记载和今人研究[1],唐长安城坊区以贯通南北的朱雀大街为中轴，分为东西两部分，东区属万年县，西区属长安县。平康坊位于东区第三街（自北向南）第五坊，东邻东市，北临春明大道，与崇仁坊夹春明大道南北相望，南邻宣阳坊，都是“要闹坊曲”。尚书省官署位于皇城东，而皇城东门是景风门，门外诸坊就成为举子、选人和外省驻京官吏和各地进京人员的聚集地。地方各方镇驻京办事处称进奏院，据考证，崇仁坊内设有进奏院 25 个，平康坊内设有 15 个,宣阳坊内设有 6 个,务本坊（平康坊西邻坊）内设有 2 个,崇义坊（宣阳坊西邻坊,位于平康坊西南）内设有 5 个，胜业坊设有 3 个，永兴坊设有 4 个[2]。朱雀门南贯通城东春明门与城西金光门之间的春明大街是城内东西向大街中最重要的街，它经过东西两市

---

[1] 有关史书参见《长安志·长安志图》；徐松《唐两京城坊考》，丛书集成初编本，商务印书馆，1936 年。今人论著可见阎文儒、阎万钧《两京城坊考补》（河南人民出版社，1992 年）；李健超《增订两京城坊考》；辛德勇《隋唐两京丛考》；等等。

[2] 参见前注和〔日〕妹尾達彦《唐代長安の盛り場（上）》,《史流》第 27 号，1986 年。

的北沿，西端与漕渠连通，商贾及流寓人口可由此入城交易谋生，平康坊和崇仁坊夹道南北。考生和选人每年少则数千，多至数万人，云集京城赴选应举，使上述两坊成为外来人口最多、流动人口出入最频繁的坊区、最引人注目的喧闹之地，并带动一条大街的喧嚣，“因是一街辐辏，遂倾两市，昼夜喧呼，灯火不绝，京中诸坊，莫之与比”[1]。平康坊成为诸妓聚居坊曲也可想见。

长安妓女可以分为几类：第一部分人身份是宫妓，是专门供奉宫廷的艺人[2]，按规定不能随便出宫，基本没有自由。据《太平广记》记载，崔氏女弟茝奴，善鼓筝，早卒，在阴司簿属教坊，宪宗召宫居一年，又“更直穆宗皇帝宫中，以筝导诸妃”，后又“复得侍宪宗”，须定期上番，“五日一直长秋殿，余日得肆游观，但不得出宫禁耳”[3]。第二部分人是挂籍在教坊，随时可能要应召，但居住地在宫外，有专人（都知、假母）

[1] 《长安志·长安志图》，《长安志》卷八“崇仁坊”条，第 275 页。

[2] 参见高世瑜《唐代妇女》第二章第六节《妓优》，三秦出版社，1988 年；〔唐〕崔令钦《教坊记》（丛书集成初编本，中华书局，1985 年）描写了宫内外隶籍左右教坊的妓女。

[3] 《太平广记》卷四八九《冥音录》，第 4021 页。

管理，行动受到限制，如有朝士宴聚，须有诸曹署行牒，然后才能外派。私自外出也较困难，应召侍宴但不侍寝，只在坊中接待来客。虽然有人被权贵包占，但未脱籍者仍要应官差。第三部分是不属教坊、不受官府管束的私娼。从晚唐小说笔记看，当时官府对私营妓女没什么有效的管理措施。

（二）《北里志》中的平康坊

根据《北里志》和有关史料记载，出入平康坊的人员主要是以下几类：

1. 京都侠少、豪族贵戚

《开元天宝遗事》载："长安有平康坊者，妓女所居之地，京都侠少，萃集于此。……时人谓此坊为风流薮泽。"[1]

《太平广记》卷四九一《杨娼传》载，杨娼为长安

[1]〔五代〕王仕裕撰，曾贻芬点校《开元天宝遗事》卷上"风流薮泽"，中华书局，2006年，第25页。

名妓，常“造其室”的是“长安诸儿”。[1]“长安诸儿”，应指贵游子弟，也包括家富资产的游手好闲之徒。

《太平广记》卷一六《杜子春》中的杜子春，“少落拓，不事家产，然以志气闲旷，纵酒闲游，资产荡尽”。属于破落子弟，流落长安，后得一老者资助，于是“乘肥衣轻，会酒徒，徵丝管，歌舞于倡楼”，一二年间，就把三百万钱挥霍得“稍稍而尽”，又得资助一千万钱，不一二年间，“贫过旧日”。[2]

《北里志》“北里不测堪戒二事”载，故山南相国起之子王式，执任金吾，“少狂逸”，王式有职事在身，入坊宿娼，遇后来者又匆忙躲避到床下，[3]显然是冒险违禁。由此可知贵戚子弟不惜冒险入坊的恐怕也不在少数。

白居易《悲哉行》[4]云：

沉沉朱门宅，中有乳臭儿。状貌如妇人，光

---

[1]《太平广记》卷四九一《杨娼传》，第4032页。

[2]《太平广记》卷一六《杜子春》，第109页。

[3]《北里志·后序》，第13页。

[4]〔唐〕白居易：《悲哉行》，《全唐诗》卷二四，第313页。

明膏粱肌。　手不把书卷，身不擐戎衣。二十袭封爵，门承勋戚资。　春来日日出，服御何轻肥。朝从博徒饮，暮有倡楼期。　评封还酒债，堆金选蛾眉。声色狗马外，其馀一无知。

正是对承荫袭爵、坐享富贵的贵游子弟流连倡楼、声色犬马的形象描述。

2. 在京赴考举子

《李娃传》中的荥阳公独子就是进京赴考的举子，与平康坊名妓李娃演绎出旷世艳情。

《北里志》中的刘覃，“年十六七，永宁相国鄴之爱子，自广陵入举，辎重数十车，名马数十驷。慕妓天水仙哥之名，不惜重金召之”[1]。

《北里志》记述妓女颜令宾，“居南曲中，举止风流，好尚甚雅，亦颇为时贤所厚”，因病伤春，作诗一首，令小童“为我持此出宣阳、亲仁已来逢见新第郎君及举人，即呈之云：‘曲中颜家娘子将来扶病奉候郎君。’

[1]　《北里志》“天水仙哥”条，第 2 页。

因令其家设酒果以待。逡巡至者数人，遂张乐欢饮至暮”[1]。宣阳坊和亲仁坊都临近平康坊，颜令宾邀请的人限定在新第郎君和举人，说明两坊为举人聚集地，也可知举人和新科状元入平康坊是不受限制的。

《北里志》中的进士天水，宠爱居住在平康坊前曲的莱儿。居住在南曲中的王苏苏，“女昆仲数人，亦颇善谐谑。有进士李标者，自言李英公勣之后，久在大谏王致君门下，致君弟侄因与同诣焉”[2]。又有令狐滈，当年为贡士时，“多往此曲，有昵熟之地，往访之”。[3]

《北里志》作者自语“予在京师，与群从少年习业，或倦闷时，同诣此处”。又称因“予频随计吏，久寓京华，时亦偷游其中”[4]。也是一个少年进士。

3. 新科及第进士（尚未授予官职者）

进士及第后，未注官前，不仅可以随时行牒召妓，出入平康坊亦不受限制。

[1] 《北里志》“颜令宾”条，第 4 页。

[2] 《北里志》“王苏苏”条，第 9 页。

[3] 《北里志·后序》，第 13 页。

[4] 《北里志》“王团儿”条，第 7 页。

《北里志》载，“裴思谦状元及第后，作红笺名纸十数，诣平康里，因宿于里中”[1]。

《霍小玉传》中的李益是新科进士尚未得官，应该是留京待选，寓居在妓女霍小玉家中。

《北里志》中的郑举举，是平康坊名妓，“孙龙光为状元，颇惑之，与同年侯彰臣、杜宁臣、崔勋美、赵延吉、卢文举、李茂勋等数人，多在其舍”[2]。文中所列诸人，都是同科新进士，因此不受限制。又有郑合敬进士及第后，“宿平康里”。

4. 地方驻京官吏、幕职官

《北里志》的鸨母大多也是妓女出身，年稍长后“其未甚衰者，悉为诸邸将辈主之。或私蓄侍寝者，亦不以夫礼待”[3]。“三司幕职未通朝籍者”也是常客。

我们看到有两种人有违禁之举，一是有职事在身的相国子，一旦有后至者，慌不择地避入床下；二是

---

[1] 《北里志》“裴思谦状元”条，第12页。

[2] 《北里志》“郑举举”条，第3—4页。

[3] 《北里志》“海论三曲中事”条，第1页。

那些初登馆阁者，“多于此窃游焉”[1]，但只一个“窃”字，足以见顾忌之深。

5. 外州客

白居易《长安道》[2]云：

花枝缺处青楼开，艳歌一曲酒一杯。
美人劝我急行乐，自古朱颜不再来。
君不见外州客，长安道，一回来，一回老。

此处的外州客，不知具体所指，有可能是上京公干的地方官吏，有可能是外来商贾，有可能是进京探亲、访友或游历者，最大的可能是来来往往的客商。白居易的长诗《琵琶行》中有“名属教坊第一部”，“老大嫁做商人妇”等句，应是原居住在平康坊挂籍教坊的妓女。妓女年老色衰后，其出路或嫁给商人；或被官吏置于外室。如《北里志》中的楚儿，“素为三曲之尤，而辩慧，往往有诗句可称。近以迟暮，为万年捕

[1] 《北里志》“海论三曲中事”条，第 1 页。
[2] 〔唐〕白居易：《长安道》，《全唐诗》卷一八，第 196 页。

贼官郭锻所纳，置于他所”[1]；或被外地官吏娶回做外室，如《太平广记》卷四九一中的杨娼，是长安中有籍的娼妓，曾“大售于时也”，后被南海帅甲出重赂削去娼籍，秘密带往南海，作为外室“馆之他舍”，白居易的《长安道》中的青楼，是否在平康坊内不详，但既接待的是外州客，当然是属于私营性质。

可知，平康坊的主要客人，一是在京没有正式官职的人，二是外来的客商。大量、频繁的外来和流动人口促进包括平康坊诸妓在内的色情业逐渐私营化和公开化，从业者的数量也逐渐增加。

（三）平康坊与崇仁坊

京城在职官吏、城内常住居民一般是不涉足平康坊的。出入平康坊的主要是外来流动人口，包括进京参加科举考试的举子、停替待选赴京参加吏部铨选的选人[2]、地方驻京官吏、地方进京官吏、外来客商等。

[1] 《北里志》“楚儿”条，第2页。

[2] 唐朝官吏任期有年限，任期满后，六品以下官吏必须进京参加吏部主持的铨选，依据任官考课政绩、资历、铨试成绩、待选年限等

各地方镇进奏院有二十多处设在平康坊，其余数十座也分布在平康坊附近各坊，以崇仁坊为最多。平康坊诸妓接待的主要是这批人。如果以为官僚贵族都可以公开宿娼，频繁出入平康坊诸妓住所，那显然是不了解当时的实际情况。

崇仁坊冠绝诸坊不是偶然的。出入平康坊诸妓住所有所限制，与平康坊紧邻的崇仁坊更靠近景风门，各地进奏院最多，又是进京举子寓居的首选之地，因此，平康坊多才多艺的妓女与辎重丰厚的风流举子、衣轻策肥的纨绔子弟、财大气粗的驻京邸将，造就了京城“一街辐辏，遂倾两市，昼夜喧呼，灯火不绝，京中诸坊，莫之与比”的崇仁坊。

白居易在杭州刺史任上，终日携妓冶游，而未曾获谴。对此，宋人颇不以为然，“可见当时郡政多暇，而吏议甚宽，使在今日，必以罪去亦”[1]。清朝人赵瓯北也认为唐人对官吏管束过于宽弛，因此作诗云：“风流太守爱魂消，到处春翘有旧游，想见当时疏禁纲，

综合评定再拟官职。

[1] 〔宋〕龚明之：《中吴纪闻》卷一“白乐天”条，丛书集成初编本，商务印书馆，1985年，第4页。

尚无官吏宿娼条。”[1] 但我们通过对《北里志》的分析，可以知道，唐代对地方官猥妓的约束是比较松弛的，包括洛阳在内，娼妓疏离官府控制，向自由职业者发展的趋势更明显。京城官贵有宴聚可召妓，但未发现有公开宿娼的记载。

唐后期，不少妓女或因嫁人而赎身，或自行开业经营，收入不菲。《北里志》中记述的平康坊假母，都已经有私营性质。其一，“有一妪号汴州人也，盛有财货，亦育数妓，多蓄衣服器用，僦赁于三曲中。亦有乐工聚居其侧，或呼召之立至。每饮率以三锾，继烛即倍之”；其二，“王团儿，前曲自西第一家也。已为假母，有女数人。……次曰福娘，字宜之……幸未系教坊籍”。私营妓女并不限于平康坊，据《两京城坊考》，靖恭坊有姬，字夜来，“稚齿巧笑，歌舞绝伦，贵公子破产迎之”[2]。前述的杨娼是长安中有籍的娼妓，“长安诸儿一造其室，殆至亡生破产而不悔”，显然因

[1] 〔清〕赵瓯北：《题白香山集后诗》，转引自高世瑜《唐代妇女》（三秦出版社，1988 年）第二章第六节《妓优》，第 61 页。

[2] 《增订唐两京城坊考》卷三“夜来宅”注引段成式《酉阳杂俎》，第 155 页。

私营而收入丰厚，“大售于时也”，她的行动也是有很大自由的。[1]霍王庶出之女霍小玉沦落风尘，私宅在胜业坊；李娃（“前与通之者，多贵戚豪族，所得甚广，非累百万，不能动其志也”[2]）安邑坊有宅；有地方帅子邢凤寓居平康坊内，用钱百万质得豪宅，梦一美人“自西楹来”，显然因是身处温柔之乡不由得感而入梦[3]。

唐后期长安城突破坊市界限，包括平康坊和崇仁数坊在内的繁华区是敏感区。外来人口的涌入和频繁流动，促进了娼妓业的私营化，娼妓业的发展又在一定程度上促进了包括饮食、娱乐、文化、服务等消费市场的繁荣。由于妓女服务的对象或是有权有势的王公贵人，或是辎重丰厚、仆马豪华的举子，或是服轻御肥、声色犬马、堆金博饮的贵游子弟，也有“会酒徒，徵丝管，歌舞于倡楼”的京都侠少和浪荡子，他们往往出手非同一般，以此炫耀。娼妓业是一种畸形行业，它所带动的消费市场繁荣也是一种畸形繁荣。

---

[1] 《太平广记》卷四九一《杨娼传》，第4032—4033页。

[2] 《太平广记》卷四八四《李娃传》，第3985页。

[3] 《增订唐两京城坊考》卷三“邢凤宅”注引沈亚之《异梦录》，第88页。

如《北里志》所云，进京举子“率多膏粱子弟，平进岁不及三数人。由是仆马豪华，宴游崇侈，以同年俊少者为两街探花使，鼓扇轻浮，仍岁滋甚”[1]，成为平康坊的主要客人。由于娼妓行业的私营化程度加深，妓女身价也随着市场行情而涨落。名妓如李娃，居平康坊，乃私营娼业聚集及最兴盛之所，平时接待“多贵戚豪族”，收入极为可观，“所得甚广，非累百万，不能动其志”[2]，并且有余房出租。荥阳公独子迷恋李娃，一年就把父亲为他准备的在京参加科考的费用全部耗光。前述破落子弟杜子春，在长安西市东门得一老者资助，于是“乘肥衣轻，会酒徒，徵丝管，歌舞于倡楼”，一二年间，就把三百万钱挥霍得“稍稍而尽”，后又得资助一千万钱，不一二年间，“贫过旧日”[3]。迷恋李娃的荥阳子，善于挥霍的杜子春，都属于流动的外来人口。再如长安“里中殊色”杨娼，“王公钜人享客，竞邀至席上，虽不饮者，必为之引满尽欢。长安诸儿一

[1] 孙棨:《北里志序》,《全唐文》卷二八七，第 2715 页。

[2] 《太平广记》卷四八四《李娃传》，第 3985—3991 页。

[3] 《太平广记》卷一六《杜子春》，第 109 页。

造其室,殆至亡生破产而不悔"[1]。虽然来访者为"长安诸儿",显然还没有正式的官职,很可能是浪荡于长安的贵族子弟。

(四)《东京梦华录》与帝京的商业服务业

宋人孟元老所撰《东京梦华录》为我们形象地描绘了商品经济高度发展的帝京风貌。从中我们可以看到,东京的商业和服务业极为发达,三重城内店铺林立,街市、桥市熙熙攘攘,早市、夜市昼夜喧闹。京城官妓私妓并存,官妓已经商业化,私营娼妓的经营方式和对象也有了很大变化:一是随着坊市的突破,妓馆已不局限于个别坊区;二是由于都城人口结构的变化,服务对象已不限于官贵士人,而是扩大到各阶层民众,经商务工的外来流动人口成为妓馆顾客的大宗,不同区域的妓馆服务对象虽然仍有一定区别,但士庶混居,商用民居不分,外来人口的大量涌入,流动人口的增加等,使得区别已经不明显;三是由于顾

[1] 《太平广记》卷四九一《杨娼传》,第4032—4033页。

客数量的增加，妓馆林立于城内外各繁华街市、繁华风景区、外来人口聚居区、商品交易场所；四是酒楼茶坊餐饮业与娼妓业合流以及官妓的商业化，使得不同类别的消费市场呈现空前的繁荣。

分布区域的变化。唐长安妓女主要集中居住在平康坊，或零散居住在平康坊周围各坊。北宋东京的情况已有很大变化。

北宋东京城为三重城，即宫城、里城和外城。随着商品经济的发展，坊市制度的突破，娼妓业也根据经营需要布点设馆，与其他商业性经营活动一起，街市化、市场化。仅据《东京梦华录》记载，城内妓馆比较集中地分布在以下街巷和场所：南北斜街，即里城旧曹门外大街；牛行街两边，即旧曹门至外城新城（新曹门）大街；马行街两边，即通往外城旧封丘门的御街北段；里城正门朱雀门内西大街；朱雀门外东西大街；相国寺东南的录事巷。此外，蔡河两岸也分布着众多妓馆。除了固定的妓馆，城内大大小小的酒楼也是妓女们经常出入的营业场所。由于城郊也是繁华胜地，妓馆也就把营业范围扩大到了城郊。城西新郑门大路，直过金明池西道者院，院前皆妓馆。城东郊和城南郊也有园林馆所,《东京梦华录》虽然不载，恐怕也不会例外。

服务对象的变化。唐长安诸妓的服务对象主要是王公贵族、士人举子、纨绔子弟、地方官吏，后期也有比较富裕的商人，但南来北往的商客始终不是妓女的主要顾客，这从晚唐笔记小说中也能反映出来。北宋东京的变化是服务对象的扩大。虽然官贵士人、进京举子仍是主要顾客，但外来商贾、手工业工匠和其他外来人口也成为顾客的大宗。从上述分布区域的扩大就可以看出服务对象成分和比重的变化。

里城正门朱雀门内大街宣德楼前为“省府宫宇”，如秘书省、尚书省等，“向西去皆妓馆舍，都人谓之院街”，大概因与省府宫宇连接，是里城内主要的商业区，官署和官吏有公私宴聚、招待应酬之需，外地来京办事的官吏、进京的举子、赴选的选人等也多在周围居住和活动[1]。

朱雀门外大街，向东到保康门（里城南墙东门）是妓馆比较集中的街巷，这条街上有状元楼，有住家，

[1] 《东京梦华录注》卷二《宣德楼前省府宫宇》，第 52—57 页。

“余皆妓馆”，看来应与考生多聚集于此有关[1]。

朱雀门外大街向西通新门（里城南墙西门）瓦子，以南有杀猪巷，原有大规模的肉市，后成为妓馆会集地[2]，应与临近教坊有关。

相国寺和景灵宫周围，有录事巷妓馆，小甜水巷妓馆，脂皮画曲妓馆[3]等，这带街巷与尚书省等府署和相国寺临近，是外地官、进京举子、外来商贾、艺人等聚集之地[4]。

蔡河妓家。洪迈《夷坚丁志》卷十一“蔡河秀才”条，有江东秀才在京夜游失踪，“众谓江东士人多好游蔡河岸妓家”，后查明果然是有妓女贪财害命，“投

---

[1] 《东京梦华录注》卷二《朱雀门外街巷》，第58—64页。

[2] 《东京梦华录注》卷二《朱雀门外街巷》，参见杨宽《中国古代都城制度史研究》下编二《唐宋之际都城制度的重大变化》，第276页注9。

[3] 《东京梦华录注》卷三《寺东门街巷》：“北即小甜水巷，巷内南食店甚盛，妓馆亦多”，或是南方人聚居在此开店，也可能是此地是外人口中南方人居多，因此南食店和妓馆多。

[4] 《东京梦华录注》卷三《相国寺内百姓交易》：“相国寺每月五次开放，百姓交易。”〔宋〕王得臣《麈史》对相国寺庙市有如下描述：“都城相国寺最据冲会，每月朔望三八日即开。伎巧百工列肆，罔有不集。四方珍异之物，悉萃其间。”（上海古籍出版社，1986年）〔宋〕王栐《燕翼诒谋录》卷二《东京相国寺》：“东京相国寺，乃瓦市也。僧房散处，而中庭两庑可容万人，凡商旅交易皆萃其中。四方趋京师，以货物求售，转售他物者，必由于此。”（中华书局，1981年，第20页）

尸于河”[1]。据《东京梦华录注》卷一“河道”条，蔡河“自陈蔡由西南戴楼门入京城缭绕，自东南陈州门出门”，城内沿河有太学（后为国子监）、民居、店铺、商家[2]。因此,蔡河妓家必然成为江东士人经常光顾的场所。

旧曹门外的朱家桥，“下桥南斜街，北斜街，内有泰山庙，两街有妓馆，桥头人烟市井，不下州南”。出旧曹门以东是牛行街，有看牛楼酒店，因是大牲畜交易场所而得名，“亦有妓馆，一直抵新城”。马行街是里城内从土市子通往安远门的大街，“土市北去，乃马行街也，人烟浩闹。先至十字街，曰鹩儿市，向东曰东鸡儿巷，向西曰西鸡儿巷，皆妓馆所居”，马行街中还有庄楼，“楼下乃卖马市也”[3]。“北去扬楼以北穿马行街，东西两巷谓之大小货行，皆工作伎巧所居。小货行通鸡儿巷妓馆”[4]，当然妓馆的顾客中会有不少外来的手工工匠和尚未成家的单身工匠。设在这

[1] 〔宋〕洪迈:《夷坚丁志》卷十一“蔡河秀才”条，中华书局，1981 年，第 630 页。

[2] 《东京梦华录注》卷一“河道”条，第 27 页。

[3] 以上见《东京梦华录注》卷二《潘楼东街巷》，第 70 页。

[4] 《东京梦华录注》卷二《酒楼》，第 71 页。

些街市坊巷的妓馆，服务对象主要应是外来商贾和手工工匠，因此档次不会太高。

城西郊有金明池和琼林苑风景游览区，春游时，“游人还往，荷盖相望”[1]，勾肆罗列、店舍林立，成为商业娱乐业的盛地，河东陕西等五路官署亦建有别馆。南郊和东郊园、池、亭、榭、观、庙众多，《清明上河图》主要描绘的是东南城区内外的盛景[2]。城北虽不似东西郊但也有园。百里无闲地，城郊繁华之地，特别是西郊和东郊，人员繁杂，九流会聚，没有城内的管束和拘谨，又当官道，外来务工、谋生、经商贾贩，城内外官宦、进京举子、待选官吏等都会由此经过，有的在此驻足，有的在此谋生，有的在此流连，客流量自然很大，必然成为经营妓馆的好场所。

上述这些场所主要服务对象虽然有一定区别，但由于东京城内官民混杂，并没有严格的区分。

北宋东京酒楼业和娼妓业已趋合流，“凡京师酒店门首，皆缚彩楼欢门，唯任店入其门一直主廊百余

[1] 《东京梦华录注》卷七《三月一日开金明池琼林苑》，第181页。

[2] 关于《清明上河图》所描绘的内容有不同意见，参见周宝珠《〈清明上河图〉与清明上河学》，河南大学出版社，1997年。

步，南北天井两廊皆小子向晚灯烛荧煌，上下相照。浓妆妓女数百，聚于主廊面上，以待酒客呼唤，望之宛若神仙”[1]。

政府对任职京师的官吏有严格的规定，不仅不得涉足妓馆，酒楼也是禁地。所以妓馆酒楼的顾客外来人口占有很大比例，有的街坊也就是因为有大量的外来人口和流动人口的存在，才成为繁华商业区。

唐朝每年进京举子少至以千数，多至上万，而宋朝又有发展。据《燕翼诒谋录》卷二记载：“诸州贡士，国初未有限制，来者日增。淳化三年正月丙午，太宗命诸道贡举人悉入对崇政殿，凡万七千三百人。时承平未久也，不知其后极盛之时，其数又几倍也。”[2]照此计算，承平之时，仅参加科举的士子就达到数万，仆从等还未计在内。又如“街西保康门瓦子，东去沿城皆客店，南方官员商贾兵级皆于此安泊”[3]，保康门内外妓馆众多，因此，居住在这一带的南方官吏、外

[1] 《东京梦华录注》卷二《酒楼》，第 71 页。

[2] 〔宋〕王栐：《燕翼诒谋录》卷二《淳化贡举人数》，中华书局，1981 年，第 16 页。

[3] 《东京梦华录注》卷三《大内前州桥东街巷》，第 87 页。

来商贾、普通军人，都是妓馆招徕的顾客。也就是因为有这些人的存在，这一带的娼妓业才能发达。正如《东京梦华录》谈到东京“民俗”时说：“其阔略大量，天下无之也。以其人烟浩穰，添十数万众不加多，减之不觉少。所谓花阵酒池，香山乐海。别有幽坊小巷，燕馆歌楼，举之万数，不欲繁碎。”

与唐长安城相比，北宋东京城人口结构发生了很大变化，一是从事工商业人口所占比例增加，二是流动人口数量大大增加，这些变化使宋代东京呈现出与唐代不同的面貌。娼妓业的变化只是全豹之一斑。如果我们继续追索，会发现南宋临安又有新的发展。

六、禁军本地化与外来、流动人口

（一）唐后期禁军的主要来源

唐代军队的地方化是个普遍现象，驻守京城的中央禁军也有同样倾向，但又有其特殊性。禁军的市民化和世袭化，从唐后期开始逐渐凸显。进入禁军的主要由几部分人组成：一是陆续收编的藩镇军队，有的直接转入禁军系统如神策军，有的纳入编制后以行营的名义受中央统辖而继续驻守京畿以西诸镇，屯驻京畿的军将恃恩骄横，常驻京畿的则逐渐市民化和世袭化。二是多次因临时需要召募而来的士兵，主要来源是京城及周边地区居民，不仅是“佣保市井”“沽贩之徒”，还有大量的游民、游手[1]。考虑到京城内外充斥着大量外来和流动人口，推测会有相当一部分无固定居所和稳定职业的人会踊跃应募，但战事结束后，这些人的去向不明，并没有形成稳定的禁军。三是京畿常住人口，富室和商贾及其子弟，奸猾无赖，普通市民，通过各种途径寄名以神策军为代表的禁军，他们中的很多人照常生活，平时不进行军事训练，往往倚仗军士身份，为非作歹。第一类人，会因为时间的推移和收编举措受到局限，而逐渐减少；第二类人往往不具有稳定性；饱受诟病而又不具备战斗力的主要是第三类人，但他们的影响大，往往成为京城市民利益的代言人，关键时刻，敢于挺身而出，又有盘根错节、上挂下连的复杂关系，也成为京城无法根除的痼疾。

德宗贞元（公元785—805年）初，时任宰相的李

[1] 〔唐〕沈亚之《盩厔县丞厅壁记》载：“今又徙瓯越卒留戍邑中，神策亦屯兵角居，俱称护甸。而三蜀移民游手其间，市闾杂业者多于县人十九，趋农桑业者十五。又有太子家田及竹圃，皆募其佣艺之，由是富民豪农颇输名买横，缓急以自蔽，匿民冒名欺偷浮诈相樛，虽贤宰处之，而丞与曹或不类，亦不能尽枉直之情也。”（〔唐〕沈亚之撰，肖占鹏校注《沈下贤集》，南开大学出版社，2003年，第94—96页）这段史料不仅对我们了解唐后期的禁军兵源有帮助，同时对我们分析唐长安及京畿地区的人口结构也很有意义。

泌对自天宝以来，“安西、北庭奏事及西域使人在长安”滞留长达数十年，且仰给官费的“胡客”进行清理整顿，共计四千人，先是征求他们的意见，是否愿意被遣送回国，结果胡客“无一人愿归”。于是实行第二方案，“皆分隶神策两军。王子、使者为散兵马使或押牙，余皆为卒，禁旅益壮”[1]，岁省经费“五十万缗”[2]。这些胡客早就融入坊市和居民打成一片，“留长安久者，或四十余年，皆有妻子，买田宅，举质取利”[3]，自然属于广义的“市井沽贩”之徒。这些“胡客”，最早是作为使团和商队而长途跋涉来到长安的，但因种种原因，滞留达几十年，从外来人口变为常住人口。李泌的这次整顿，将他们一律编入神策军，他们有了正式身份和户口，应该转换为著籍人口了。

---

[1] 《资治通鉴》卷二三二“唐德宗贞元三年（公元 787 年）七月”，第 7493 页。

[2] 《新唐书》卷一七〇《王锷传》，第 5169 页。

[3] 《资治通鉴》卷二三二“唐德宗贞元三年（公元 787 年）七月”，第 7493 页。

（二）外来、流动人口本地化与禁军

常住人口和大量涌入京城的外来和流动人群，不仅改变了京城的居民结构，也改变了禁军的结构，并促成北宋对城市主户客户的划分有了实质性的改变[1]。史家和学者往往将关注点聚焦在进入禁军的城市居民素质不高，或是富户以贿赂，或是恶少类的市井之徒，但应该考虑到：中央禁军的兵源在安史之乱后受到很大局限，各地藩镇各自为政，中央不再能大范围地招兵，而京城聚集了大量人口，其中包括很多无固定职业者或无业游民，他们希望进入军队获得优厚的待遇，中央在没有更好选择的情况下需要就近募兵。尤其是

---

[1] 参见王曾瑜《宋朝阶级结构》，中国人民大学出版社，2010 年。《唐会要》卷八三《租税上》有一条大历四年（公元 769 年）正月十八日的敕令："诸色浮客及权时寄住户等，无问有官无官。亦所在为两等收税，稍殷有者，准八等户税，余准九等户税。如数处有庄田，及每处纳税。"（第 1817—1818 页）京城云集着大量诸色浮客及权时寄住户，在住地纳税，成为改革财税的大趋势，也从侧面反映了官府对这些人户籍控制政策的调整。姜伯勤先生在《从判文看唐代市籍制的终结》中，根据唐判文分析了唐市籍制的衰落，认为京城神策军和地方藩镇对市人的影占，促进了市籍制的崩溃。（《从判文看唐代市籍制的终结》，《历史研究》1993 年第 3 期）

事发突然的临时用兵之际，几乎没有其他选择。在洛阳保卫战、吐蕃进犯京城、黄巢进京等关键时刻，这些应募入伍并参加战斗的市井之徒，表现了保卫家园的勇气和决心。在利益受损时，如德宗时的加征间架税、僦质等，他们敢于遮拦宰相，用具体行动表达自己的抗议，并在叛兵列阵丹凤门下向皇帝示威时，他们袖手聚观，静待事变。面临强藩李茂贞的强势进逼，昭宗执意迎敌时，他们敢于投瓦石击打宰相以表示反对，其实是直接挑战皇帝的权威。是共同利益引起的自发行为，还是有利益集团做背后推手，没有进一步材料，无法推定，只能就事论事。

正如时人抨击“宫市”时，户部侍郎苏卞所言：“京师游手数千万家，无生业者仰宫市以活。”[1] 从军正是这些游手的不错选择。由此也可以理解，高仙芝于京师募兵十一万，“旬日而集”，只能是“市井子弟”的缘由[2]。

---

[1] 《新唐书》卷五二《食货二》，第 1358—1359 页。

[2] 活跃于京城的侠少、恶少的社会成分从隋到唐末有变化，唐后期他们与禁军有密切的关系，也成为人们抨击宦官专权和神策军为核心的禁军将士为恶京城的代表性群体，将在第八章中展开论述。

但大量未经训练、未经拣选的禁军军士，主要是聚集在城市及周边的各类人，其中有大量无业、无产者，也有世代为兵的家族，从事小本经营的市民；有注籍的编户，也有外来的“客户”[1]，还有大量的商人、富室、豪家子弟，很多人并不在军营中服役。进入禁军的人员，不论是收编的藩镇兵，或清理滞留的“胡客”，抑或是外来人口，长期的城居生活，不承担出征任务的现状，世袭的蔓延，市民化的倾向是不可避免的。这种局面，从唐后期开始，一直延续到北宋。[2]“浮浪”“无赖”“落魄”“亡命”“强悍”[3]，是对这些应募

[1] 《旧唐书》卷二〇上《昭宗本纪》：“初，茂贞凌弱王室，朝廷姑息，加尚书令。及是全忠方守太尉，茂贞惧，乞罢尚书令故也。崔胤奏六军十二卫名额空存，实无兵士，京师侍卫，亦藉亲军。请每军量召募一千一百人，共置六千六百人。从之。乃令六军诸卫副使、京兆尹郑元规，立格招收于市。”（第777页）《新唐书》卷一六三《杨於陵传》：“（德宗末）入为京兆尹。先是编民多窜北军籍中，倚以横闾里。於陵请限丁制，减三丁者不得着籍。奸人无所影赖，京师豪右大震。”（第5032页）

[2] 参见张同胜《宋代募兵制与瓦舍勾栏的兴盛》（《菏泽学院学报》2008年第6期）。

[3] 〔宋〕李焘：《续资治通鉴长编》卷二一八“宋神宗熙宁三年（1070年）”王安石论募兵曰：“募兵多浮浪不顾死亡之人，则其喜祸乱，非良农之比”，中华书局，1985年，第5299页。〔宋〕罗大经：《鹤林玉露》乙编卷四“养兵”条载：“韩魏公曰：‘养兵虽非古，然亦自

组成的禁军兵员的描述。宋神宗时，司马光听说有人建议将驻京禁军年四十五以上者，连同妻子一同析置淮南，专门上札子表示反对，理由是："在京禁军及其家属，率皆生长京师，亲姻联布，安居乐业，衣食县官日久"，一旦"削廪"远行，恐造成惶惑与愁怨，万一引发兵变，后果不堪设想，建议采取更稳妥的措施[1]。城市居民成为中央禁军的主要兵源，这种趋势其实是中央禁军逐渐市民化和世袭化历史过程的反映，且具有延续性。如果我们从这个角度考察这一历史过程，对饱受诟病的"市井子弟"会有新的认识。[2]

有利处。议者但谓不如汉唐，调兵于民。独不见杜甫石壕吏一篇，调兵于民，其弊乃如此。后世既收拾强悍无赖者，养之以为兵。'"（孙雪霄校点，上海古籍出版社，2012年，第180页）还可参看张同胜《宋代募兵制与瓦舍勾栏的兴盛》一文论述北宋都城禁军的兵源、军俸、军卒消费水准等与瓦舍勾栏兴盛的关系。

[1] 〔宋〕马端临：《文献通考》卷一五三《兵考五》，中华书局点校本，2011年，第4573页。

[2] 对"市井之徒"的理解，不应局限于商贩之类，有可能是浮寄在坊市中从事各类职业的人。真正有稳定职业、做小本生意的人，不到万不得已，不会铤而走险，入伍参军。市井之徒都是城市居民，这没有问题，但城市居民的范围也不应仅仅局限在有正式户口的著籍居民范围，城市人口结构在城市化的过程中，已经发生变化，外来的"客户"、流动人口占的比重日益加大。从唐中叶到唐末，禁军的兵源虽然是多渠道，有一条比较清晰的脉络，但从五代到北宋前

期，禁军的兵源构成及其变化，还需要进一步研究。〔日〕中川學：《唐代の“流庸”》(《東洋史研究》26:2，1967年)论述了与客户形成极有关的流移农民作为各类雇佣劳动力存在的都市生活形态和身份，在文章中他举了窦乂(《太平广记》卷二四三)的例子，指出窦乂从事加工业时，雇佣的短工即属于“流庸”一类的人，而京城频繁和大规模的公私营造更是需要大量的雇佣劳动力。他的系列论文还探讨了客户的合法化问题。〔日〕岛居一康：《両税法下における客戸の主戸化と戸名について》，《鹿大史學》20号，1972年，第1—11页，〔日〕坂野良吉：《唐宋「変革」の客戸制度—中国「地主」制度研究序説—》(《名古屋大學東洋史研究報告》3号，1975年，第25—54页)讨论了客户的主户化。唐长孺：《唐代的客户》，《历史论丛》第一辑，1964年。关于客户研究，参见胡戟等主编《二十世纪唐研究》(中国社会科学出版社，2002年)“经济卷”第二章“客户研究”。这些论著有助于我们了解即便在市区立格召募，这些大量存在的“流庸”“浮寄”都有可能为生计而应募。《资治通鉴》卷二一四“玄宗开元二十五年(公元737年)五月癸未”载：“于诸色征人及客户中召募丁壮长充边军。”(第6831页)也可以想见，当边军的需求萎缩而禁军的需求膨胀时，大量存在的客户成为召募的对象是必然的。一些客户，已经在城区自谋生业，如《太平广记》卷一六五的“王叟”，“天宝中相州王叟者，家邺城，富有财，……庄宅尤广，客二百余户。叟尝巡行客坊，忽见一客方食，盘飡丰盛。叟问其业，客云唯卖杂粉香药而已”。(第1210页)〔日〕妹尾達彦：《唐長安人口論》一文归纳了多位研究者对唐长安人口的推估，包括对脱漏人口的推估。其中，龚胜生在《唐长安城薪炭供销的初步研究》(《中国历史地理论丛》1991年第3期)一文中推定长安人口总数为80万，脱漏人口为10万—20万，是众多研究者中推估脱漏人口最多的。近年，张天虹在《再论长安人口的数量问题——兼评近十五年来有关长安人口研究》(《唐都学刊》2008年第3期，第11—14页)一文中对长安人口研究进行了进一步的归纳和总结，可参看。冻国栋《略述唐代人口的城乡结构与职业结构》(武汉大学三

七、唐代城市流动人口与户籍管理

唐代商品经济的活跃，外来人口和流动人口的涌入城市，带来人口数量的膨胀和人口结构的变化，城市居民对文化娱乐的需求日益旺盛，追逐高品质的生活成为时尚。但同时使原有的坊市制度、商业管理模式、城市户籍管理和国家税收制度也在不断调整思路，改革制度，以适应城市发展的新形势。

中国古代户籍制度始自战国时代秦国的“商鞅变法”，秦始皇（公元前247—前210年在位）统一中国后，

至九世纪研究所编《魏晋南北朝隋唐史资料》第19辑，2002年）一文对以长安为首的大城市中大量的工商户、外来人口、浮寄人口都有涉及。总体上，对唐长安的外来人口和流动人口的研究还有进一步探讨的余地，对我们如何认识长安城市居民的构成具有重要意义，也关系到我们对唐后期禁军成分问题研究的深度。

继续加强户籍管理制度，分裂和战乱时期，往往发生人口流散、版籍不存的情况，但一旦政权稳定，收集流散，整顿版籍，即为当务之急。很长时间，城市和乡村的户籍管理都是统一的，但这种情况在唐代发生了变化。

（一）人口向大城市集中的趋势及面临的问题

人口向大城市主要是都城的流动与集中，是由唐到宋城市发展变化的主要特征。唐朝以都城长安为代表的大城市在膨胀过程中，出现两种趋势，一是大量的流散劳动力涌向生存机会更多的长安、洛阳、扬州等大城市，二是随着商品经济和城市社会的发展，社会财富向京城的积聚。唐朝是当时世界上著名的强盛帝国，都城长安以其宏伟、严整而享誉世界，不仅是当时世界上最大的城市，也是世界历史上规模最大的城市。据估测，长安城城内人口数量约为百万，也是当时世界上人口最多的城市。在发展过程中，正如前文所述，有两类需求日益增长，一是方兴未艾的建筑业对劳动力的需求，二是日益繁盛的商业、手工业、服务业、娱乐业对从业人员的需求。两者亦可视为相辅相成，成为吸纳外来劳动力的渊薮。由此带来的人口压力及户籍管理成为当时城市发展过程中面临的严峻问题。

（二）外来、流动人口集中的行业

唐中后期，随着均田制的崩溃和两税法的推行，大量人口溢出户籍，流寓异乡。这些人口，有相当一部分涌入可以提供更多生存空间的城市中，主要是以京城长安和洛阳为主的大城市。虽然史书上对与建筑业有关的流动人口和外来人口没有具体的记载，但我们仍然可以看到蛛丝马迹。如《太平广记》中记载的大商人窦乂，从事了多种经营，所雇佣的人有长安坊市内的少年、“日佣人”（按日计算工钱的临时工）、“功人”等，还在西市营建二十余间店铺，但建筑工人的来源没有记载。显然，应该有专门的建筑行业的工匠和民夫营造“窦家店”。再如，唐睿宗为其两个女儿金仙公主和玉真公主修建道观时，为招徕技术好的工匠和加快工期，不惜出高价雇募，于是长安附近的农民竞相舍弃农活，前来应募。修建的金仙观和玉真观，“南街东当皇城之安福门，西出京城之开远门”，位于繁华地段，两观修建得高大华丽，远来的访问者，一进城就可遥望到，宛如天上仙宫，可见用工量大，用料极尽奢华，而且应募而来的主要是长安以外的农民。《太平广记》中描述了一个从外地投奔长安的车工奚乐山，以其精妙的技术征服了车行的老板，并得到高额的报酬。那些原在京城服役或官府和雇之闲暇时期，继续留下寻求工作机会的工匠也是可能的，京城不仅给他们提供了更多的生存机会，所得回报也比从事农业生产更高。

除了建筑业，外来人口更多地集中在商业、服务业和娱乐业。

李白的“落花踏尽游何处，笑入胡姬酒肆中”[1]诗句中的胡姬，当然是指西域来的胡人女子。再如陈季卿，本是进京赶考，多年未考中，无颜回乡，于是流落长安考卖书判（即类似为考试而准备的范文）为生。唐后期，随着城市人口的增加，随着商业的繁荣，长

[1] 《全唐诗》卷二四《杂曲歌辞·少年行三首》，第 323 页。

安城的餐饮业、旅店业、屠宰业、租赁业、小商品销售业、雇佣服务业、运输业、丧葬业、剔粪业、修理业、拾荒业日益繁盛，这些行业起点低，技术含量低，市场需求大，容易生存，大量外来人口充溢着这些行业。还有很多流动的艺人和民间表演团体活跃在京城的开阔场地。《太平广记》中就记载了唐宪宗时，皇城东墙景风门外宽阔的街道上，一支流动的民间演出团体演出杂耍和类似魔术，吸引了将近万人的围观。

这些流动和外来人口，承担了都城建设的重要任务，活跃了长安的市场，也在很大程度上满足了城市居民对商业和服务业的需求，解决了随着城市发展、居民日益增长和拓展的日常需要问题，也有利于满足城市居民的出行、饮食、人力、公共卫生、基础建设等方面的需求，城市日常生活需求的行业不仅从业人员增加，还逐渐向规模经营、专业化方向发展。据《唐国史补》记载，长安城东西两市的餐饮业，三五百人的礼席，“立待可办”；宋代都城已经有专门的经纪人行业，掏粪、消防都有专业人员。有相当一部分国家租赋的主要承担者——农民，主动或被动流入如都城长安、洛阳，南方的扬州、成都、广州等大城市，唐长安的“浮寄流寓不可胜计”[1],后周的都城开封的“坊市之中，邸店有限，工商外至，络绎无穷”[2]。北宋的开封，被描绘为“十二市之环城”，城周“百里之内并无闲地”，从事相同的行业的外来务工者往往聚居在同一区域，有些街道也明显带有行业的特色，如马行街、牛行街、鸡儿巷等。说明外来人口不断从流动人口转为常住人口，形成环绕城区并不断扩展的商业和生活区。而南宋都城临安（杭州），如前文所述，外籍居民已经超过土著。人口向以都城为代表的大城市集中的趋势，唐朝的中后期更为明显，而且从五代延续到宋。如果说唐朝前期很大程度上是一种被动的流入，随着商品经济的发展，城市生活的需要，官府对农民和工匠居住地和户口限制的松弛，长安的外来人口的涌入更多的是主动的行为。唐安史之乱后，户籍流散的严重，导致官府掌控的户籍仅为玄宗天宝年间的三分之一，其中还有五分之二属于“浮寄人口”，严重影响了国家的财政税收，以致唐德宗朝宰相杜佑对此忧

[1] 《长安志·长安志图》,《长安志》卷一〇“西市”条注文，第 337 页。

[2] 〔宋〕王溥:《五代会要》卷二六《城郭》，上海古籍出版社，1978 年，第 417 页。

心忡忡，感叹“出租赋者减耗若此，食租赋者岂可仍旧”[1]。

（三）城市户籍管理及税收的相应调整

唐朝对这些涌入城市的流动人口和外来人口到底如何管理，未见出台严格的措施，但通过一些官府颁布的具体措施和条文，可知总的趋势是对外来无户籍人口的限制逐渐松弛：一是唐德宗建中元年由宰相杨炎提出并推行的两税法，“户无主客，以见居为簿”，居住地原则很大程度上改变了流动人口的身份问题，也使国家有可能重新掌控大量流失的人口。二是坊郭户成为城墙内及周边附郭居民的正式称谓，不仅纳入城市管理的范围，也成为有别于乡村户的主要标志，这一制度在北宋得以确立，并推广到全国，市镇、距离县城城郭较近的草市居民都属于坊郭户，城乡分治的户籍管理制度至此拉开序幕。三是中央官府在招聘和选用执役杂使人员时，对一些重要和关键岗位有户

---

[1] 《通典》卷四〇《职官二二》，第 1108 页。

口的限制，如规定在选用门仆时，必须“取京城内家口重大、身强者充”，但在某些岗位，对“浮寄”人口给予了更宽松的政策，即给出路、给机会，甚至还有特殊政策。如唐玄宗天宝十一年（公元752年），卫尉寺（掌管仪仗帐幕和武器库）奏请幕士、供膳、掌闲并杂匠等，“取浮逃无籍人充”，皇帝不仅认可了卫尉寺的奏请，还下令，此后如果这类职役空缺，令各部门“先取浮逃及无籍”人[1]，并委御史中丞监督执行。

此外，国家财税征收的结构和对象也不断进行改革和调整。如唐德宗建中年间，推出了一系列新举措，反响最大的是建中四年（公元783年）在宰相卢杞和户部侍郎判度支赵赞等主持下的“税间架”，即开征房产税。因当时条件所限，仅在京师地区推行，针对所有房屋所有者，规定“凡屋两架为一间，分为三等：上等每间二千，中等一千，下等五百”，结果引起“怨讟之声，嚣然满于天下”[2]。最终，包括房产税在内的一系列财税新举措在朝臣和藩帅的共同反对下被废止。在经历唐德宗征“间架税”百年后，北宋时期城

[1] 《唐会要》卷六五《卫尉寺》，第1139页。

[2] 《旧唐书》卷四九《卢杞传》，第2128页。

市的房产、地产、物业、商铺等都已逐渐作为征税的对象，不仅户籍管理实行城乡分治，城市和乡村的税收对象和税收内容也都形成各自相对独立的体系。由此也可以看出随着人口结构重心的变化，户籍制度发生了变化，政府财税结构和重心也进行了相应的调整，更多地向城市倾斜，向城市居民倾斜，向财富集中的区域、领域和群体倾斜的大趋势已不可逆转，但却需要经历一个较长的适应和调整过程。

八、城市与城墙

中国古代城市的产生是以城墙为标志，还是以市的形成为标志，众说不一。秦的咸阳城和西汉长安城确是由多组宫殿苑林组合而成的一座宫殿城池，市区和工商业者居住的地点往往是在城墙周围或被包括在借助自然地势的外郭城内。隋唐两朝，是史家津津乐道的中国城市发展的黄金时期，雄伟的长安城内外三重城墙，周回近八十里，相当于今天西安城的九倍还多。宫殿、官署都被围在宫城和皇城的高墙之中，坊区排列纵横有序，被南北十四条大街和东西十一条大街分割成棋盘状，市区则被固定在东西两区，由墙隔断，与坊区分开，按规定，坊区是居住区，市区为商业区，一切商业活动都按规定在市区进行。

城墙是权力的象征和维护权力的工具，唐末，朱温胁迫唐昭宗从长安迁都洛阳，首先是拆撤宫室官署，使残喘的雄都成为丘墟，从此往日辉煌不复再现。高骈盘踞成都已经坐稳，于是大举兴修外城，每日征发十万民工，用时三个月，计九百六十万工，计钱一百五十万贯，“趣十县之人丁，抽八州之将校”，将周匝不过八里的旧城扩建为“周回四十三里”的新城，把百万人众妥善安置在城里，于是官民两安，势力坐大也就有了切实的保证。

后周定都开封，原有旧城的外城周回才二十五里，无法容纳需要安置在城墙里的百司官廨、军队营房、官民住宅，再加上“工商外至，络绎无穷”，于是大举扩建新城。周世宗（公元 954—959 年在位）显德二年（公元 955 年）“京城四面别筑罗城”，“周回四十三里”，“开广都邑，展引街坊，种植树木”，都城才具规模。于是形成三重城，核心是宫城，皇帝居住和理政之所，第二重是内城（即原旧城），安置官署，第三重是外城，主要是居民区和商业区。内城中，官署民居商业店铺混杂。

由唐入宋社会变革的一个主要特征就是城市坊市制度的突破，北宋以后，坊市合一，形成街市，坊名还在，坊墙已不存，因此，进入坊区无须通过门，只有一个标志性建筑——牌坊，使人们知道你所在的是何坊。市墙自然也不存在了，整个一条街都是市场，摊贩肆无忌惮甚至一度挤占了官员待班上朝的御路。于是才有《东京梦华录》的生花妙笔，才有《梦粱录》的湖光山色等专门描写城市的笔记类著述，才有荟萃都城风貌的历史画卷《清明上河图》，使我们能够领略到都市的熙熙攘攘。

据《宋史》卷八五《地理志一》记载，宋太祖（公元960—976年在位）建隆三年，“广皇城东北隅，命有司画洛阳宫殿，按图修之，皇居始壮丽矣”。雍熙三年，“欲广宫城，诏殿前指挥使刘延翰等经度之”，企图用城墙将官署民居分开，“以居民多不欲徙遂罢”[1]，于是北宋都城开封，就没有能承袭隋唐长安和洛阳城用城墙将官署与民居分开的格局，很多官署就在内城和外城与民宅、商业店铺、手工作坊分散杂处。南宋临安城，除了大内仍牢牢地包裹在宫墙里，门禁森严，而宫墙外已是另一片天地。中央大道御街两侧

[1] 〔元〕脱脱：《宋史》卷八五《地理志一》，中华书局，1977年，第2097页。

成为最繁华的商业街。

北宋以后，以都城为代表的大型城市外城规模再也没有超过唐长安城，而南方新兴的工商城市和雨后春笋般的市镇、草市成为城市发展的亮点，它们有的原就是一级行政治所在，于是有城有墙，有的因市而兴，行政级别升格，于是也开始建造城墙，或整修扩建原有城墙。有的只是集市，始终只是劳动产品和商品的交换场所或集散地，当然是既无城也无墙了。但既无城也无墙的集市，不管规模多大，交易多繁盛，只要没有升为县一级行政单位，就不需要城也不需要墙，或许是因无资格，或许是没有必要。

唐懿宗咸通十年（公元 869 年）五月，彭州新置唐昌县（今四川彭县西南）建德草市“因其乡名，万家欢笑，共事修营，不旬日而告就。今则百货咸集，蠢类莫遗。旗亭旅舍，翼张鳞次，榆杨相接，桑麻渐繁。……又每及上春，以蚕为名，因定日而有知所往，公亦约之以期而候之。其日，商旅辇货至者数万，珍纤之玩悉有”。但所谓建，可能只是简单的区划、界限，必要的摊位门铺，尽管“百货咸集”，尽管一日间“商旅辇货至者数万”，百姓襄助，不到十天草市就营造完工，并无城与墙修建的痕迹，因此，也始终在城市建制系列中属于不入流者。

婺源县（今江西婺源北），因是茶叶经销的集散地，南唐时，自县升格为都制置，于是马上建新城，“城周环十里”，虽然城墙规模并不大，但因辖婺源、浮梁、祁门、德兴四郡，城墙成为权力的象征和保护层。

要摧毁一个政权时，摧毁其都城或中心城市就成了首要大事，于是有项羽焚烧秦咸阳宫大火三月不熄的记录，有董卓迫汉献帝西迁长安而毁洛阳的惨烈，有朱全忠挟唐昭宗迁洛而毁撤长安宫室府廨官宅民居的劣行。百年古都在这类劫难中，或废为丘墟，或仅余残垣断壁，以这些城墙为标志的政权，似乎也随之失去了生命力。改朝换代或政权重建时，兴建都城亦是首要之举，高大的城墙又一次把政治权力与经济利益包裹进去。

于是我们看到唐后期蓬勃兴盛的南方城市，又在大事兴修城墙与府衙中发展着，虽然它们的兴盛大多不是政治权力直接干预的结果。

只有从北宋苏轼的议论中曾透露出一丝新信息。当时有人建议，宿州（今安徽宿州一带）因多年发展，人口增加，罗城已嫌狭小，居民多在城外，应修筑外城，苏轼认为，类似宿州城这种情况太多了，“岂可一一展筑外城”[1]。结果不得而知，但看来，至少苏东坡已认识到，不展筑外城，并不会影响宿州城市职能的发挥，而且如宿州城者尚不在少数，没有展筑外城的也不在少数。不过都是江南二三流城市，不直接当敌锋镝，政治和军事地位无碍全局，是否把与城市有关的人口都包裹进城墙也就不重要了。因此，有些城市城墙周匝始终在一里左右，而城墙外面不论是集市还是人口都不受约束地扩展着。

南宋定都临安后，大约花了二十年时间，致力于宫殿郊庙建设，形成方圆九里的宫城（又称大内），又进一步扩建外城。但如果说北宋东京的政治和生活中心还是按宫城—里城—外城—郊外的顺序依次扩展的话，南宋临安则形成多中心，外城城门外形成若干大型生活用品批发市场（主要有粮食、蔬菜、水产品、肉产品等），西湖沿岸则形成又一个中心区，楼台沿湖林立，园林斗艳争奇，寺观众多，正所谓“一色楼

---

[1]〔宋〕苏轼撰，张春林编《苏轼全集》卷三五《乞罢宿州修城状》，中国文史出版社，1999年，第864页。

台三十里，不知何处觅孤山”，俨然是一个集居住、娱乐、文化、商业于一体的繁华区。由于各种原因，西湖区并没有被括进临安城圈。据说五代十国时期，曾有人建议吴越王钱镠（公元907—932年在位）填西湖，以建府治，钱镠认为：百姓借湖水溉田，无水即无民。他不仅不填湖，还大举疏浚，于是，西湖仍然是西湖，虽在城墙之外，却成为杭州不可分割的部分。享受灯火楼台、夜夜笙歌的达官贵人，也绝不认为自己住在城外就成了乡下人。

城墙不仅有御敌的功能，还使中国的老百姓被分为了城里人与城外人，于是又有了城里人与乡下人的区分。不知苏轼在乞罢修宿州外城时，是否考虑到这一纸状子，有可能断送了多少人正式成为城里人的梦想，抑或如宿州这样的二三流城市，城里、城外的区别不如京都等大城市明显。抑或是，城周围的居民已经具有了城里人的身份，筑外城与否关系并不大。但苏轼透露的新信息，似乎并没有成为中国城市发展的主流，此后的政府，依然我行我素地建造着宫城、皇城和外城，把统治权力包裹在高大的城墙内，还环绕着深而宽的护城河。

元、明、清统治者给后人留下的遗产之一，就是国人引以为豪的雄伟壮观、规划有序的北京城（尽管远逊于隋唐长安城），不管我们如何评价社会所发生的巨大变化，以城市城墙为主体标志的权力结构并没有根本性的变化，老百姓仍然生活在城里和城外。城墙的作用在以火器为主的攻击性武器面前，防御功能已大打折扣。

城墙在迈向工业化的进程中，似乎成了不可逾越的障碍，于是有了 20 世纪 50 年代的北京城墙大拆撤。今天的北京城由于城墙、城门等主要古城建筑的荡然，据说已无资格整体城市申请世界文化遗产。我儿时曾怀着恐惧与仰慕心情注视过的高大城墙和带有宽阔高大门洞的城门已然不存，城里人和乡下人的区别取决于一本户口簿。劫余的残垣断壁正以古城遗址公园的形式精雕细刻地被小心规划着。

唐后期五代至北宋，大都市外来人口的膨胀，城市开始由内城和外城的二重制向内城、外城和罗城或新城的三重制扩展，扬州的新城（罗城）、汴梁罗城的修建，就是典型的例子。原有的城关自然经济区被括进了罗城，城市的商业区仍继续外延，形成新的城关经济区。不少州城都有外城、罗城。如梓州，唐文宗大和五年（公元831年）六月，因“玄武江涨，高二丈”[1]，水溢入罗城。开成元年（公元836年）夏，黄河决口，“浸郑、滑外城”。[2]

五代后唐明宗（公元926—933年在位）天成三年（公元928年）七月敕：“京都及诸道州府县镇坊界及关城草市内，应逐年买官曲酒户，便许自造曲，酝酒货卖”[3]，说明关城内草市已成规模，管理也有严格规定。与“城郭”“城内”“州镇”等经常连用的“草市”，位置往往在城关一带，既是城内市场的补充，又是城内市场的延伸和扩大，使城市的容纳量和含义都突破了城墙的限制，唐宋时期大都市化进程的展开正是在这个前提下实现的。两宋都城城厢的有机结合，正是隋唐以来城关经济区发展的继续。

[1] 《新唐书》卷三六《五行志三》，第934页。

[2] 《新唐书》卷三六《五行志三》，第934页。

[3] 《五代会要》卷二六《曲》，第420页。

余 论

城市发展与人口流动是相辅相成的，城市管理面临的很多新问题，都是缘于人口流动引起的社会结构变化和外来人口的增加。本书讨论的几个问题，如流动人口的构成，举选人对京城社会的影响，建筑业工匠的来源，唐宋都城的妓女群体，禁军构成本地化的问题，城墙的局限等，似乎没有直接的关联，但实际上都是在探讨城市外来人口和流动人口问题。流动人口和人口流动是两个不同概念，但都是本书研究的主题。不同人口类型，是可以在特定的条件下发生转换的，如本地人口、外来人口，著籍人口、常住人口、流动人口，也会有交叉，这是我们在研究中应该厘清的问题。

参考文献

古代文献（基本按成书时代排序）

［1］〔唐〕魏徵:《隋书》，中华书局，1973 年。

［2］〔唐〕杜佑:《通典》，中华书局，1988 年。

［3］〔唐〕杜宝撰，辛德勇辑校《大业杂记辑校》，三秦出版社，2006 年。

［4］〔唐〕韦述撰，辛德勇辑校《两京新记辑校》，三秦出版社，2006 年。

［5］〔唐〕李肇:《唐国史补》，上海古籍出版社，1979 年。

［6］〔唐〕杜牧:《樊川文集》，上海古籍出版社，1978 年。

［7］〔唐〕白居易著，朱金城笺校《白居易集笺校》，上海古籍出版社，1988 年。

[8]〔唐〕裴庭裕:《东观奏记》，中华书局点校本，1994年。
[9]〔唐〕孙棨:《北里志》，丛书集成初编本，中华书局，1985年。
[10]〔唐〕崔令钦:《教坊记》，丛书集成初编本，中华书局，1985年。
[11]〔唐〕沈亚之撰，肖占鹏校注《沈下贤集》，南开大学出版社，2003年。
[12]〔五代〕王仁裕撰，曾贻芬点校《开元天宝遗事》，中华书局，2006年。
[13]〔后晋〕刘昫:《旧唐书》，中华书局，1975年。
[14]〔宋〕薛居正等:《旧五代史》，中华书局，1976年。
[15]〔宋〕王钦若等编修《册府元龟》，中华书局，1960年。
[16]〔宋〕欧阳修、宋祁:《新唐书》，中华书局，1975年。
[17]〔宋〕司马光:《资治通鉴》，中华书局，1956年。
[18]〔宋〕王溥:《唐会要》，中华书局，1955年。
[19]〔宋〕洪迈:《容斋随笔》，上海古籍出版社，1996年。

［20］〔宋〕李昉等编《太平广记》，中华书局，1961年。

［21］〔宋〕李昉等编《文苑英华》，中华书局，1966年。

［22］〔宋〕文莹：《玉壶清话》，中华书局，1984年。

［23］〔宋〕王谠撰，周勋初校证《唐语林校证》卷六《补遗》，中华书局，1987年。

［24］〔宋〕袁褧：《枫窗小牍》，丛书集成初编本，商务印书馆，1937年。

［25］〔宋〕蔡绦：《铁围山丛谈》，中华书局，1983年。

［26］〔宋〕吴自牧撰，符均、张社国校注《梦粱录》卷一三《诸色杂货》，三秦出版社，2004年。

［27］〔宋〕洪迈：《夷坚志》，中华书局点校本，1981年。

［28］〔宋〕宋敏求：《唐大诏令集》，商务印书馆，1959年。

［29］〔宋〕宋敏求、〔元〕李好文撰，辛德勇、郎洁点校《长安志·长安志图》，三秦出版社，2013年。

［30］〔宋〕孟元老撰，邓之诚注《东京梦华录注》，中华书局，1982年。

［31］〔宋〕龚明之：《中吴纪闻》，丛书集成初编本，中华书局，1985年。

[32]〔宋〕王得臣:《麈史》,上海古籍出版社,1986年。
[33]〔宋〕王栐:《燕翼诒谋录》,中华书局,1981年。
[34]〔宋〕洪迈:《夷坚丁志》,中华书局,1981年
[35]〔宋〕李焘:《续资治通鉴长编》,中华书局,1985年。
[36]〔宋〕罗大经:《鹤林玉露》,上海古籍出版社,2012年。
[37]〔宋〕马端临:《文献通考》,中华书局点校本,2011年。
[38]〔宋〕王溥:《五代会要》,上海古籍出版社,1978年。
[39]〔宋〕苏轼撰,张春林编《苏轼全集》,中国文史出版社,1999年。
[40]〔元〕脱脱:《宋史》,中华书局,1977年。
[41]〔清〕彭定求等编《全唐诗》,中华书局,1960年。
[42]〔清〕董诰等编《全唐文》,中华书局,1983年。
[43]〔清〕徐松:《唐两京城坊考》,丛书集成初编本,商务印书馆,1936年。
[44]〔清〕徐松撰,李健超增订《增订唐两京城坊考》,三秦出版社,2006年。

今人著作（按书稿中出现的顺序）

［1］ 冻国栋:《唐代人口问题研究》，武汉大学出版社，1993年。

［2］ 史念海:《唐代历史地理研究》，中国社会科学出版社，1998年。

［3］ 严耕望:《严耕望史学论集》，上海古籍出版社，2009年。

［4］ 唐长孺:《山居存稿》，中华书局，1989年。

［5］ 毛汉光:《中国中古社会史论》，上海书店出版社，2002年。

［6］ 辛德勇:《隋唐两京丛考》，三秦出版社，2006年。

［7］ 唐长孺:《魏晋南北朝史论丛续编》，生活·读书·新知三联书店，1959年。

［8］ 张泽咸:《唐代工商业》，中国社会科学出版社，1995年。

［9］ 杨宽:《中国古代都城制度史研究》，上海古籍出版社，1993年。

［10］ 阎文儒、阎万钧:《两京城坊考补》，河南人民出版社，1992年。

[11] 张泽咸:《唐五代赋役史草》,中华书局,1986 年。
[12] 高世瑜:《唐代妇女》，三秦出版社，1988 年。
[13] 周宝珠:《〈清明上河图〉与清明上河学》，河南大学出版社，1997 年。
[14] 王曾瑜:《宋朝阶级结构》，中国人民大学出版社，2010 年。
[15] 胡戟等主编《二十世纪唐研究》，中国社会科学出版社，2002 年。
[16] 李锦绣:《唐代财政史》上卷，北京大学出版社，1995 年。

论文（按书稿中出现的顺序）

[1] 史念海:《中国古都概说》,《陕西师范大学学报》1990 年第 1—4 期。
[2] 魏明孔:《浅论唐代官府工匠身份的变化》,《中国经济史研究》1991 年第 4 期。
[3] 牛来颖:《论唐长安城的营修与城市居民的税赋》,《唐研究》第 15 卷，2009 年。
[4] 彭丽华:《唐前期两京官府工程的经费筹集》,《南都学坛》2014 年第 3 期。

［5］ 牛来颖:《唐宋州县公廨营修诸问题》,《唐研究》第14卷，2008年。
［6］ 李鸿宾:《唐代和雇及对官私手工业的影响》,《山西大学学报》1992年第2期。
［7］ 彭丽华:《唐五代工匠研究述评》,《井冈山大学学报》2014年第2期。
［8］ 姜伯勤:《从判文看唐代市籍制的终结》,《历史研究》1993年第3期。
［9］ 张同胜:《宋代募兵制与瓦舍勾栏的兴盛》,《菏泽学院学报》2008年第6期。
［10］ 唐长孺:《唐代的客户》,《历史论丛》第一辑，1964年。
［11］ 宁欣:《唐德宗财税新举措析论》,《历史研究》2016年第4期。
［12］ 龚胜生:《唐长安城薪炭供销的初步研究》,《中国历史地理论丛》1991年第3期。
［13］ 张大虹:《再论长安人口的数量问题——兼评近十五年来有关长安人口研究》,《唐都学刊》2008年第3期。
［14］ 冻国栋:《略述唐代人口的城乡结构与职业结

构》，武汉大学三至九世纪研究所编：《魏晋南北朝隋唐史资料》第 19 辑，2002 年。

日本学者论著（按书稿中出现的顺序）

[1]〔日〕妹尾達彥：《唐長安人口論》（《堀敏一先生古稀記念論集——中国古代の国家と民衆》，東京：汲古書院，1995 年。
[2]〔日〕龍谷大學佛教研究所編，小田義久責任編輯《大谷文書集成》，京都：法藏館，1983 年。
[3]〔日〕中川學：《唐代の"流庸"》，《東洋史研究》26:2，1967 年。
[4]〔日〕島居一康：《両税法下における客戸の主戸化と戸名について》，《鹿大史學》20 号，1972 年。
[5]〔日〕坂野良吉：《唐宋「変革」の客戸制度一中国「地主」制度研究序説一》，《名古屋大學東洋史研究報告》3 号，1975 年。
[6]〔日〕妹尾達彥：《唐代長安の盛り場（上）》，《史流》第 27 号，1986 年。

本书作者相关著作（论文略）

[1] 宁欣:《唐宋都城社会结构研究》，商务印书馆，2009年。
[2] 宁欣:《唐史识见录》，商务印书馆，2009年。
[3] 宁欣:《唐史识浅录》，北京师范大学出版社，2016年。

后　记

这本小书是对近年我从城市社会与流动人口的角度探讨唐朝社会变化心得的归纳和整合，突出了重点并围绕相关问题展开。大部分内容已经发表过，也增加了新的思考。重点在对城市尤其是都城流动人口需要有正确而充分的认识。

本书的参考文献部分比较简略，主要列举了本书引用的书著，见谅。

感谢北京师范大学历史学院推出“通古察今”系列丛书，感谢河南人民出版社及责编的辛勤劳动付出，感谢李瑞华博士对最初的文稿格式进行了调整，感谢李明阳先生对全书的审读和校对，避免了很多错、漏。